你馬斯洛系的？

跟著馬斯洛看自我實現

劉燁 編譯

本書對任何就人類潛能感興趣的人士都是一個不小的震撼，它連續不斷而且火花四濺的種種思想和遠見卓識已經溢到了書本之外。對於以前從未接觸過馬斯洛思想的讀者來說，這是一次走進大師的心靈之旅，或許會改變你的一生。同樣，它也適用於深入人類學的讀者，在當代，沒有一位哲學家能像馬斯洛那樣受到學術界與大眾讀者的雙重肯定和推崇。

人的權利、人的尊嚴、人的發展只有在獨自敞開心扉，充分地自我體驗、自我透視、自我鍛造、自我昇華之後才回得到盡情張揚。馬洛斯哲學是人類了解自己過程中的一塊里程碑。

崧燁文化

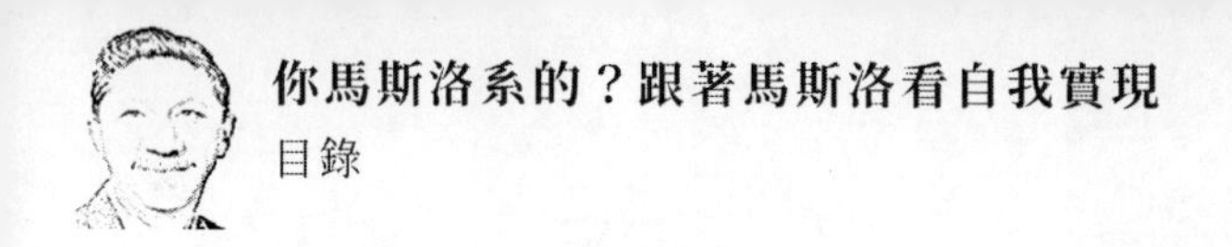

目錄

序言

第一章 探究人性

第二章 解密人的動機

第三章 洞察人格

第四章 挖掘人的潛能

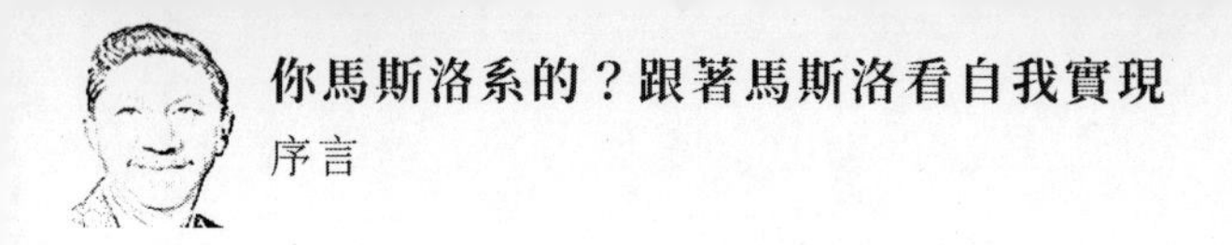

序言

亞伯拉罕·哈羅德·馬斯洛，公元一九〇八年四月一日出生於美國紐約州布魯克林區。美國著名的哲學家、社會心理學家、人格理論家、比較心理學家，人本主義心理學的主要創始人。一九二六年入康乃爾大學，三年後轉至威斯康辛大學攻讀心理學，一九三四年獲得博士學位。之後留校任教。一九三五年在哥倫比亞大學任桑代克學習心理研究工作助理。一九三七年任紐約布魯克林學院副教授。一九五一年被聘為布蘭戴斯大學心理學教授兼系主任。一九六七年任美國人格與社會心理學會主席和美國心理學會主席。一九六九年離開布蘭戴斯大學，成為加利福尼亞勞格林慈善基金會第一任常駐評議員。一九七〇年六月八日因心臟衰竭逝世。

《紐約時報》評論說：「馬斯洛心理學是人類了解自己過程中一塊里程碑。」還有人這樣評價他：「正是由於馬斯洛的存在，做人才被看成是一件有希望的好事情。在這個紛亂動盪的世界裡，他看到了光明與前途，他把這一切與我們分享。」的確，馬斯洛的學說不僅具有重要的理論價值，而且還具有重要的實用價值。

如果要列舉有史以來最著名的心理學家，馬斯洛無疑名列前茅。在今天，很多人已經對其部分思想耳熟能詳，例如：

需求層次

人擁有五個層次的需求：生理的需求、安全的需求、愛與歸屬的需求、尊重的需求和自我實現的需求。當一種需求滿足之後，另一種需求便會取而代之。

自我實現

自我實現價值的人是人類中的最佳典範，他們優秀、有創造力、健康、堅強、高尚且明智，他們的優點是全體人類所要努力的方向。

高峰經驗

這種經驗可能是瞬間產生、足以壓倒一切的高昂情緒，也可能是轉瞬即逝、極度強烈的幸福情緒，甚至是欣喜若狂、如醉如痴、歡樂至極的感覺。

潛能發揮

美國著名的心理學家、哲學家威廉·詹姆斯斷言：「普通人只用了他們全部潛能的極小部分。」每個人身上都存在著強大的潛能，經過充分地挖掘，可以使人生達到前所未有的高度！

人本管理

「人本管理」廣義上是指一種開明的管理。在一個組織內，每個人的成長和創造力的發揮與這個組織的產品、服務品質，乃至整個組織的健康發展都密切相關。

本書以全新的視角介紹馬斯洛的理論精華，書中解答了我們關於人生的一系列問題：什麼是人生的意義？人性的本質為何？怎樣獲得幸福和安寧？怎樣健全自我的人格？怎樣挖掘自我的潛能？怎樣實現自我的價值？如何達到力所能及的目標？如何成為優秀的人？本書引導我們了解馬斯洛，以及了解自己的人生，幫助我們調動一切積極因素以實現最完美的自我，創造最美好的人生境界。

湯仁榮

第一章 探究人性

有些人認為人性是邪惡的、自私的、充滿暴力和仇恨的，有些人則認為人性是善良的、無私的、溫和又友愛的。前者使我們憂心忡忡，後者則讓我們如釋重負。到底人性的本來面貌為何？只有經過澈底地探究，我們才能真正看到人的本質，了解人的天性。

人性的精髓是什麼

按語：

公元一九七〇年三月，離馬斯洛因心臟病去世只有幾週時間。在他生命的最後時刻，馬斯洛越來越感到闡述自己的觀點和立場方面應更加準確。在他看來，關於人性的觀點比比皆是，其表達也很順暢，但它們關於「人性本善」的諸多論述在概念上仍模糊不清，於是馬斯洛就人性的善、惡問題進行了詳細的論述。

人本心理學使人類精神的形象煥然一新。作為基本原則，它指出每個人都有高級的本性，這種高級本性構成了人的本質的基本方面。這一觀點意味著，在良好的條件下，人類渴望表現出如愛、利他、友善、慷慨、仁慈和信任等高級品質。

除了上述這些自我實現的特徵外，發展高度完善的人在直覺觀察、了解真相、認識現實等方面特別有效率。這就意味著這些人不僅更加幸福，認識能力更強，與現實的聯繫更緊密，在行為方面也更有效率。也就是說，在他們身上很難找到情感壓抑、情感障礙、情感麻痺和人類智慧削弱的情況。我們可以將以上看法歸納為：那些發展充分的人、由於良好環境而表現出高級本性的人，他們從事任何事業都更容易脫穎而出。從實踐的角度來看，這些人將是更加優秀的人類成員。

我們可以將「良好的環境條件」理解為：有利於促進自我實現的自然、社會以及生理等方面的條件。這些條件也促進了基本需求的滿足，因為基本需求的滿足是發展高級需求、完善人格和走向自我實現的必經道路。

如果人類過去和現在都生活在良好的環境條件下，人類就可以保持「善」的本性，也就是所謂的符合倫理、有道德、正直的本性。這一觀點有力地駁斥了各種關於原罪、人類墮落以及人性邪惡的說法，同時，它也反對任何認為人類不可能是善的、道德的、正直的理論。

但是，這一觀點並不排斥人類時善時惡的各種理論。因為這樣的理論的確道出了實情。事實上，馬斯洛也從未宣稱人性本善，他只是認為人性在某些條件下可以是善的，並且力圖說明具體需要哪些條件。

今天人們所說的 Y 理論（一種管理理論）也得出了同樣的結論。它宣稱許多人的道德感——即使並非所有的人——在 Y 理論的條件和前提下都將得到提高。

這一整體理論框架所衍生的一個必要假設就是：人類心理的「善」並不是無條件的、絕對的、永久的，我們甚至不能夠說它本質上是善的。只有在一定的條件下，人性才表現為善。在惡劣的環境條件下，人類更容易表現出病態心理和醜惡行為。

因此，我們在所有關於人性的討論中有必要特別提出：人實際上是有作惡和表現病態的潛在能力的。

不難確定一些誘發惡劣行為和病態心理的特定環境條件。因為它們正是使我們能表現出高級本性、允許我們向善的條件的對立面。

我們必須意識到，有許多人基於不同的立場拒絕完全接受這種世界觀。可以把這些人看成是絕望文化群體，甚至是惡意文化群體。在他們的心理層面，憤世嫉俗和懷疑一切等特徵占主要地位。這些人通常相信人性沒有達到善的境界，或者本質上是惡的，他們會把看上去就是善的東西，透過更深層次的詮釋來說明人在本質上還是邪惡的、變態的、自私的。

絕望文化的擁護者具有一致的觀點，他們均認為人類心理的外在表現是不真實的、誤導性的。在他們看來，所謂善良的人、社會進步以及良性社會條件這類事實只是表面現象，這些一貫持反面意見的人試圖證明在這類事實的深處隱藏著陰暗、消極的一面，從而堅持自己的懷疑主義。根據這一懷疑主義的觀點，肉眼所看到的事實，並非真實的隱而不露的事物的本質。

透過對思想史的重新認識，將其視為暴露、貶抑人類與人性的一般過程，如此我們就可以理解——至少是部分理解——這種懷疑主義的心理了。佛洛伊德曾發表過一個著名的論斷，即哥白尼、達爾文和他自己三次沉重打擊了人類的自戀心理。馬斯洛將他的結論推進了一步，即那些拒絕接受事物的表現事實或肉眼看來是顯而易見的現象的人，他們堅持認為，一些深入的、更能揭露本質或罪惡的解釋才是正確的。

許多存在主義者都把笛卡兒看成是罪人，因為他強調精神和肉體是分離的。馬斯洛認為這並不準確，他列舉了柏拉圖的例子作為補充，柏拉圖的非物質的概念或者本質的觀點說明：我們用肉眼看到的現象不如我們沒有看到的一些現象真實。

眾多關於原罪、人類墮落，人類邪惡的說法，以及那些認為人類不可能是善的理論都是不正確的。雖然人實際上具有作惡的潛在能力，但毋庸置疑，人性在某些條件下可以是善的，即具有愛、利他、友善、慷慨、仁慈、信任等各種特質。

人性是自私的嗎

按語：

有人認為人性是「自私的」，即邪惡的、軟弱的、愚昧的、愚蠢的；還有人認為人性是「無私的」，即慷慨的、友善的、明智的、有理性的、有合作精神的。關於「人性是自私的嗎？」，馬斯洛對此有自己獨到的見解，並將之作為在布魯克林開設的人格心理學的課程講義。

所有關於人性的價值體系都植根於一定的心理學假設。也就是說，他們若非認定人性是「自私的」——邪惡的、軟弱的、愚昧的、愚蠢的，就是認定人性是「無私的」——慷慨的、友善的、明智的、有理性的、有合作精神的。當然，還有一些特殊的價值理論建立在這兩種假設的混合體之上。

關於自私與無私的問題，下面我們將進行詳細地探討。

一、自私的語義

如果某人對人性問題持極端的觀點，而我們對他關於人性問題的闡述進行長期追蹤考察，就不難發現：他的整個觀點都建立在自私與無私某種隱含的、不自覺的定義之上。追蹤考察發現，那些認為人的天性是自私的，而且認為這種自私是健康的人，他們最終會接受自私的下述定義：所謂自私的行為，就是那些對個體有益或是使個體感到愉快的行為。

但是，對此稍加思考，就會發現這個定義有失偏頗，因為它自動設立，或者說，它實際上認為人類所有的行為都是功利性的，都是為了滿足個體對快樂和利益的追求。這樣的方式，正是一種試圖從一個隱含的、預先設定的定義來解決問題的方式。

要駁倒這個觀點有多種方法可以考慮。比如我們可以指出，無論如何，人類的行為之間總有差異，其中總有某些行為可以稱為完全無私的行為。或者為了便於討論，我們可以先接受這種定義，然後在此基礎上強調依然有必要從詞語上加以區分。這種區分是個人可以透過他自己的行為或者他人的行為條件來體會到的。

例如，如果你在星期一虐待一個孩子，星期二又善待他，這個孩子是能夠區分你在不同時間的行為差異的。

又如，對於為餓得奄奄一息的朋友提供食物，與拒絕為他提供食物這兩種不同的行為，我們就應該進行區分。毋庸置疑，沒有理由將這兩種行為混為一談，認為它們都是自私的。

同樣要指出的是，那些人數不多的、認為人類從本質上而言是無私的理論家也存在這樣的問題。他們通常對無私的概念採用以下定義：如果一種行為對他人有益，或者能給他人帶來愉快，這種行為就是無私的。這類陳述依靠某種預設的定義，自然而然地認為所有的人類行為都是無私的。

語義學專家指出問題的另一面：價值評價與自私和無私這兩個詞語聯繫在一起。在人類文化中，自私這個詞具有貶義的色彩，其詞義不受歡迎。與之相反，無私這個詞則是美德的象徵，其詞義悅人心意。語義學家知道，詞義和價值觀緊密相連，麻煩與困惑往往接踵而來。

從我們的角度來看，我們不應該對問題持有偏見。我們不應該假定自私與無私究竟誰好誰壞，除非我們已經確信事實的確如此。

總之，我們必須明白，若想把自私和人性問題用科學公正的態度加以研究，我們就必須找到合適的詞語，並給出更精確和有意義的定義。其次，為了避免價值判斷對定義和詞語的影響，我們必須使用更加客觀的、不涉及價值判斷的術語。

二、來自動物研究的證據

那些企圖證明人類在本質上是自私的或者無私的人，常常使用動物行為來支持他們的觀點。有時候，這些人是依靠古代的「穴居人」來證實他們觀點的。這些情況在哲學家、神學家和政治理論家中尤為明顯。這些人常常求助於寓言，用諸如獅子、老虎、狼等動物來證明人是無法信任的。在馬斯洛看來，這是極其荒謬的！

即使從理論角度而言，這樣的理論也是完全站不住腳的。

我們根本不能夠憑其他動物的行為對人類的行為作出任何有意義的結論。事實上，一個判斷對於某個物種的特徵來說是正確的，但對於另一個物種來說，則可能是完全錯誤的。因此，與其說應用這種研究方法的理論家是達爾文主義者，倒不如說是偽達爾文主義者。對於心理學家而言，他們有時的確會為了種種原因利用動物研究的成果，但只要他們是嚴謹的，他們就會承認，這只是為了對實驗加以改進，或者是為了對問題進行初步研究，並不指望這些內容可以揭示關於人性的真理。

無論如何，就人性問題而言，偽達爾文主義的研究方法常常會導致與設想完全不同的結論。比如，既然把人與獅子、老虎、狼等進行比較，那為什麼人與食草動物就不能比較呢？偽達爾文主義的比較顯然僅限於少數幾個物種，而地球上的物種成千上萬。

更重要的依據在於，如果我們選擇人類的近親類人猿（尤其是黑猩猩）與人類進行比較的話，生物學上的遺傳特性似乎並不是向自私、殘忍、支配和專橫等方向發展的，而是更傾向於合作、友誼和無私。這些行為恰恰是黑猩猩常常表現出來的。除了在野外環境中取得的證據，現在的實驗證據也證實了上述觀點。例如，各種實驗都證明了黑猩猩會幫助牠們的同伴，包括用自己的食物救助將要餓死的鄰居，強壯個體往往是弱小個體的保護者而非統治者。那些在工作中與黑猩猩打交道的工作人員也發現，他們能夠與黑猩猩建立真正的友誼。

但是，馬斯洛並不希望進行過多諸如此類的觀察。因為這種論證的思路不管怎樣都是錯誤的。不過，這種富有想像力的實驗的確很具誘惑力，只要舉出在動物中存在無私甚至利他的行為，就足以推翻偽達爾文主義的觀點。偽達爾文主義認為，透過對其他物種的研究，我們就可以準確地得知：人類在本質上是自私的、殘忍的、樂於支配他人的。事實則證明這種看法是荒謬且錯誤的。

最後，馬斯洛對有關史前穴居人的情況進行了總結。

一般的看法是穴居人是原始、野蠻且好鬥的，甚至極其殘忍。但是，實際上並沒有任何證據支持這種觀點。科學家對史前穴居人的了解僅僅局限於解剖學。此外一無所知。只是因為穴居人看起來野蠻，人類就認為其行為必然殘忍。與我們的現代文明相比，穴居人說不定要善良得多，對其他成員更具利他性。我們並不能證明這種判斷的正確性，但從有限的知識出發，我們同樣也不能得出穴居人兇殘的結論。

總之，在有關自私人性的研究中，我們必須澈底拋棄任何傾向於借助動物行為或是人云亦云的穴居人行為的研究方法。這些方法在我們正在探討的問題中不值一提。

三、健康的自私

前面我們已經指出，像自私、無私等詞彙，其本身就帶有不同的價值觀念，在某種程度上導致了偏見的產生。如果什麼事被認定是自私的，那麼人類的反應通常就是「應該反對它」。但是，精神病學和臨床醫學的發展卻要求我們拋棄這些簡單的方式和態度。

例如，對受虐狂的研究表示，大量表現無私的行為產生於精神錯亂或自私的動機。我們不應該總是被無私行動和外表所迷惑，因為無私的表面下也許掩蓋了驚人的敵意、嫉妒或者仇恨。

在對此類病人實施精神治療的過程中，經常有必要在某些時候教會他們採取所謂健康的自私行為方式。對於那些缺乏自尊感和那些把自己的基本需求看成洪水猛獸的人來說，有必要用一套全新的方法來使他們認識自身。唯有如此，最終才能獲得心理健康。換言之，從精神病學的觀點來看，犧牲自己滿足別人並非永遠可取。

心理分析學家埃里希·弗羅姆曾經這樣概括上述觀點：「一個既不自尊也不自愛的人是不會真正尊重、愛護別人的。」因此，有必要區分健康的自私與不健康的自私，健康的無私與不健康的無私。更具體地說，我們必須明白行為的動機之間存在差異。外在行為也許是自私的或者無私的，而引起這些行為的動機同樣可能有自私或者無私的差異。

這項一般意義上的結論以一種模糊的方式被證實，其依據是心理學上關於健康者與不健康者的臨床經驗。心理健康與無私行為之間存在著某種聯繫。這也許是正確的，但如果我們將行為按動機進行分類，並且能夠更精確地指出心理健康與所謂健康的無私之間的確有很密切的聯繫，這種聯繫就會變得更有價值。

實驗證明，當一個情感健康的人在行為上顯得無私時，其根源往往在於他的基本需求得到了滿足，從而表現感情豐富。也就是說，他的行為是源於內心充實而非貧乏。而一個精神病患者自私的舉動，往往是一種被剝奪感驅使的產物，其表現有恐懼感、不安全感和內心貧乏感。

在臨床上，通常假定自私、敵意以及邪惡產生於個體基本需求的滿足受到了阻撓，無論它們是緣於過去還是現在。

由此，我們把無私稱為心理滿足，把自私稱為心理貧乏。

仇恨和侵略行為是人類的天性嗎

按語：

毋庸置疑，我們每一個人曾或多或少地表現出仇恨和侵略的行為，而那些心理變態的罪犯則表現得更為明顯，他們殺戮、殘害他人，卻沒有一絲悔意。仇恨和侵略行為的確具有相當的能量，並產生很大的作用，因此我們有必要探究其根源。最嚴肅的問題是「仇恨和侵略行為是人類的天性嗎？」，讀完本文會使我們豁然開朗。

關於暴力攻擊流行著這樣一種觀點：相信這種行為是本能的，是人類天性中固有的；許多行為科學家都把仇恨和侵略行為說成是人類的天性。這一點是根據對動物的觀察得出的。因為動物是相互侵略、破壞成性的；而人也是一種動物，所以人對暴力也會有一種本能的愛好。對於這種觀點，馬斯洛是持反對意見的。

儘管一些動物具有侵略性，但許多動物卻不是這樣的。事實上，動物王國中同一種動物間的暴力和侵略行為，與其說是規律，不如說是例外。且那些與人關係密切的動物幾乎沒有本能的侵略行為。猴子尤其如此。比如說，黑猩猩實際上就沒有過為侵略而侵略的行為。與此同時，馬斯洛也承認，對某些個別的動物和特定種類的動物而言，暴力和侵略行為似乎就是牠們的天性。

人類科學家發現：暴力和仇恨的程度在有些文化中可以是零，例如，阿拉佩什人是那樣溫和、友愛、互讓，以致他們要費很大的力氣才能找到一個有一點個人意志的人來主持他們的各種儀式；而在另一些文化中，暴力和仇恨的程度卻可以達到百分百，像多布和恰克奇那樣的民族，他們互相憎恨到了極點，恨不得將對方斬盡殺絕。

透過對北美黑腳印第安人的研究，馬斯洛確信人類侵略行為的根源不在於遺傳而在於文化。那些印第安人根本不知侵略為何物，儘管這個民族很驕傲、堅強，有自力更生的精神。這些印第安人即使受到酒精的催眠，也僅僅是變得歡快、友好，而非互相衝撞。

應該說侵略性攻擊行為是基本心理需求受到挫折，或無力滿足基本心理需求時的一種反應。一個學會理解自己及他人健康的人是不會訴諸暴力、侵略或破壞的，儘管他們完全有能力保衛自己。

健康、成熟的人樂於與他人建立友誼、互敬互愛、互幫互助，樂於和團體一起工作。而心理變態者或精神病患者因沒有能力與他人建立良好關係，並滿足他們想得到他人承認和讚許的強烈心理需求，所以在憎恨與破壞行為中尋找某種樂趣。社會的極端分子是心理變態罪犯，對他們而言，這個世界是一個充滿了奸詐、自私與侵略成性之徒的危險之地，在他們看來，侵略行為是對他們造成威脅的一種反應或防衛。因此，他們殺戮、殘害、折磨他人，卻沒有一絲悔意。馬斯洛這樣去認識心理變態者，有助於更好地理解他們：他們沒有愛他人的感覺，因而可以不帶仇恨也不帶樂趣地傷害——甚至殺死他人，就像殺死那些碰巧成了害蟲的動物一樣。

侵略性行為主要是由文化帶來的，一般而言可以去杜絕和糾正它。

正確處理侵略性攻擊行為的方法是不要害怕。我們必經學會不害怕自己的攻擊性。如果把我們的身體比作汽車，那麼侵略性攻擊行為就好比是汽車裡的汽油。它確實有相當的能量，並且可以產生相當大的作用。以下列方式處理攻擊性，或許會溫和一些：把「我不喜歡這樣」、「我不喜歡那樣」改成「我覺得你不應該這樣做」、「你應該那樣做」。

馬斯洛認為這種處理攻擊性的方法是相當明智的，意味著這種人是健康成熟的人。

第二章 解密人的動機

為什麼每一個人都在追求甜美的愛情？為什麼人要成家立業？父母為什麼愛自己的孩子，人類為什麼想要孩子，他們為什麼要為孩子作出那麼多的犧牲？人類為什麼不惜付出巨大代價（甚至是犧牲生命），也要為正義而鬥爭？人類為什麼總有無窮無盡的欲望？上述這些有趣的問題，我們均可以在解密人類的動機後找到答案。

研究人類動機必須認識的基本問題

按語：

馬斯洛認為動機是使人從事各種活動的內部原因。有外部動機和內部動機之分。外部動機是指個體在外界的要求或壓力的作用下所產生的動機，內部動機則是指由個體的內在需求所引起的動機。馬斯洛的動機研究主要集中在內部動機——即基本需求引起的動機上。

馬斯洛指出，要研究人的動機，必須清楚地認識以下幾點：

個人是一個統一的、有組織的整體。其中包含著許多具體的要點。比如，受到驅動的是一個完整的人，而非個人的某個部分。不存在諸如嘴、肚子或生殖器的需求，而僅是這個人的需求。且感到滿足的是整個人，而非他的一部分。

注意選擇一般的而不是特殊的動機實例。不應選擇飢餓作為其他動機狀態的典型，因為飢餓驅力是一種特殊的動機實例。對人而言，更典型的欲望是整個人的需求，選擇這類衝動進行研究會好的多。比如，透澈研究飢餓衝動與全面了解愛的需求相比，我們更能能夠透過後者了解普遍的人類動機。

動機的研究在某種程度上必須是人類的終極目的、欲望或需求的研究。日常生活中的普通欲望有千百種，但仔細分析後即可發現，它們通常是達到目的的手段而非目的本身。例如，我們需要錢，目的是為了買一輛汽車，原因是鄰居有汽車，而我們不願意低人一等，所以我們也想要有一輛汽車，這樣我們既能維護自尊心，又能得到別人的愛和尊重。分析一個有意識的欲望時，我們往往可以究其根源，即追溯該人其他更基本的目的。心理學家透過這些手段去追溯人類真正渴望滿足的一些基本目標或需求。

現在已有充分的證據顯示，人類滿足各種需求的方式雖有極大的文化差異，但追求的基本或終極目標都是相當一致的。以自尊心為例，在一個社會裡，一個人靠成為優秀的獵人來滿足自尊心，而在另一個社會裡，卻可能靠當一個偉大的醫生、勇猛的武士或做一個十足鐵石心腸的人來滿足欲望。故心理學應透過文化差異去研究人類共同追求的基本目標或需求。

動機是複雜多樣的。人類行為常常是由多種動機引發的。一個有意識的欲望或一個有動機的行為可能會形成一種管道作用，透過這個管道，其他意欲也得以表現。比如，性行為和有意識的性慾並不僅僅是對性需求滿足的追求，它所暗含的、無意識的目的可能是極為複雜的。舉例來說，某一個人的性慾可能是確立男子自己的自信的欲望的表現，而其他人的性慾則可能是為吸引注意力的欲望，或者對友誼、親密感、安全、愛的欲望，或者是這些欲望的任何一種組合。所以要分析人類的動機，就應認真對待欲望或行為在根本上所代表的東西，要看到動機的複雜多樣性。

合理的動機理論應該這樣設想，動機是連續不斷的、無休止的、起伏的，同時也是複雜的。從一定意義上來說，有機體的任何一個事態本身幾乎是一個促動狀態。例如，個體遭受拒絕的感受必然會影響他的身心組織，使他感到緊張或不愉快。與此同時，還可能導致其他事件的發生，如採取種種自我防衛方式、壓抑、敵意等。

合理的動機理論必須考慮以下兩個事實：其一，除了以相對的或遞進的方式外，人類從不會感到滿足。人是一種不斷有需求的動物，一個欲望滿足之後，另一個欲望就會迅速地取而代之。其二，所有的動機均存在著一定的聯繫。動機的出現取決於這樣或那樣的優勢欲望已經達到相對滿足的狀態。因此，需求似乎按著某種優勢等級自動排列。

研究人類動機應澈底放棄為內驅力或需求製作分解式一覽表的企圖。因為這樣的一覽表常給人內驅力是均等的、不相干的感覺，而事實卻並非如此，同樣地，它還忽視了內驅力的全部動力性質，混淆了各種具體特徵的層次關係。

研究人類動機必須以人為中心，而不是以動物為中心。這一觀點有別於用動物做實驗的行為派心理學，馬斯洛之所以強調這一點，是因為動物實驗的結果經常被拿作人類對人性理論研究依據的基本資料。同時，他指出動物資料對研究心理學很有助益，但使用上必須謹慎和明智，如盡可能地選擇接近人類的動物（如猴子）作為研究對象。

分析人類動機除必須考慮到環境與文化對有機體及其動機滿足的影響，還應看到有機體其天生的內在結構，並且能主動創造心理環境等事實。

分析人類動機應看到，有機體通常表現為一個整體，但有時也不是這樣。孤立、局部、分裂的反應在一定情況下是可能的，這類現象不一定是虛弱、病態的，相反，它們經常被看作是有機體一個重要的能力證明，即有機體以不完整、獨特或分散的方式對付局部的、熟悉的事物或易於解決的問題。如此一來，有機體的主要能力就可以用於解決更重要的、更具有挑戰性的問題。

分析人類動機還應注意到，並不是所有行為或反應都是有動機的，至少不一定是一般意義上的對需求滿足的追求，即尋求需要或匱乏的東西。成熟、表現、成長以及自我實現等現象都是自然流露的表現性行為。

分析人類動機不應像心理分析家那樣僅僅關注無意識的欲望，還應重視達到目的的可能性這一因素。這對理解我們文化中各個階級、等級之間的動機差別，理解我們的文化與其他國家和其他文化在動機上的不同是至關重要的。

分析人類動機必須合理地看待現實對有機體內部衝動的影響。內部衝動與現實之間不一定是截然對立的關係。

動機理論除討論有缺陷的人的防禦手段外，還必須討論健康人的最高能力。同時也必須解釋人類歷史上最偉大、最傑出的人物所關心的所有重要的事情。應將注意力轉移到健康人，對人的動機的研究必須具有更積極的研究傾向。

總之，動機理論的研究在方法上必須堅持以人為中心，以健康人為對象，重視健康動機的研究；堅持整體動力論，要闡明動機與有機體和環境以及動機與動機之間內在的整體動力關聯。在研究重心方面，動機的研究應摒棄文化差異，直接對人類共同的基本目標或需求進行研究。

人的基本需求是什麼

按語：

人的需求可分為兩類：基本需求與特殊需求。基本需求是全人類共同的需求，是由體質遺傳決定的，具有似本能的性質。特殊需求則是在不同的社會文化條件下形成各種不同的需求，如嗜好、服飾等。顯然判斷基本需求的標準便是似本能的性質存在與否。什麼是似本能呢？馬斯洛在本節為我們作了詳細的介紹。

由上可知，動機研究的重心應放在人類共同的基本需求上，因此，在探討人類動機的基本內容之前，我們必須先了解一個問題：人的基本需求是什麼？

人的需求可分為兩類：基本需求與特殊需求。

基本需求是全人類共同的需求，是由體質遺傳決定的，具有似本能的性質。

特殊需求則是在不同的社會文化條件下形成各種不同的需求，如嗜好、服飾等。

顯然判斷基本需求的標準便是似本能的性質存在與否。

什麼是似本能呢？

本能論者（是以麥獨孤和佛洛伊德為代表的。麥獨孤在其社會心理學中以本能說明人的社會行為，認為人有十八種本能；佛洛伊德則以只受快樂原則支配的生物本能——本我作為人的動力系統，並認為它與作為社會價值內化的超我之間有著本質上不可調和的矛盾。）與反本能論者，所堅持的乃是兩個不同的極端。他們的共同錯誤在於：用非此即彼的二分法來考慮問題。這種二分法給心理學帶來了一個混亂的後果：假如有一丁點天生遺傳影響的證據，就斷定這是本能的；或者，只要有任何後天習得的跡象顯露，就斷言這是非本能的。這種做法顯然完全站不住腳，且僅僅從邏輯上看，我們也沒有理由一定得在完全的本能與非本能之間進行取捨。

其實，本能論並非完全錯誤，而是有它未被充分理解的一面，比如，本能論承認以下事實：人是自我促動的，人自己的本性和他所處的環境都有助於決定他的行為；人自己的本性給他提供先決的目的、目標或價值體系；在良好的條件下，為了避免疾病，他所想要的常常就是他所需要的，即對他有益的東西;全人類形成一個獨一無二的物種;總的來說，機體依賴自身的資源，它經常顯現出一種生物性的功能或智慧，那是需要做出解釋的。

但是，傳統本能論卻蘊含著一個錯誤的理論前提：過分地強調人與動物世界的連續性，忽略了人種與其他物種的區別。這一錯誤導致了傳統本能論的諸多失誤。

因此，我們在進行動機研究之前必須確立一個理論前提：在看到人與動物連續性的同時，還必須注意人與動物的區別；不僅要研究人與動物的共同動機，更要研究人所獨有的需求或動機。

人的機體有它自身的本性，比過去的看法告訴我們的更值得信賴，並有更佳的自我管理能力。我們有充分的理由假設，人有一種內在或先天的、趨向自我實現的成長傾向。因此，我們可以進一步提出基本需求似本能的假定，即當我們在物種階梯中上升時，我們可能會逐漸發現新的、更高層的欲望，它在本質上是似本能的，即在強弱程度上是由機體結構和作用決定。這一假定有一定的比較心理學的依據，如克勞福德、耶基斯以及馬斯洛自己關於靈長類動物的實驗均顯示，幼小黑猩猩是一種利他的、友好的、不具控制欲的、有愛撫能力的動物。沃爾夫在獮猴身上重複了克勞福德的實驗，發現這些動物並不具備幼小猩猩的上述特點。因此有理由認為：只有人與黑猩猩才有利他、友好等行為。此外，還有一些證據表示，人類並沒有像動物那樣具有豐富的本能，僅有動物本能的部分殘餘。人比動物更強烈的需求是對資訊、理解、美的需求。總之，物種等級愈高，似本能的需求或衝動就愈明顯。愈是高層的需求，愈帶有人性特徵，愈為人類所獨有。人類歷史已經證明，這些新的特徵是持續向上發展而不是逐漸衰退的。人是一種最富於哲學思維、想像、藝術才能和科學頭腦的動物。

顯然，似本能與本能之間有一定的共性：二者均是由機體的生物學本性所決定的。但它們終究是有區別的，其區別在於：首先，似本能不像動物本能那樣強烈；其次，似本能不像本能論者認為的本能那樣是惡的，而是中性的，或者說是好的；再次，似本能的需求與理性之間並不存在像佛洛伊德本能論中闡明的那種本能與理性的對立；最後，似本能的需求不像我們理解的生物本能那樣，在物種發展的階梯上相互排斥，而是在一個強度有差異的層次序列裡主動地互相聯繫，也就是說，任何一個需求的滿足，隨著它的逐漸平息，其他潛在的需求占據了重要的位置，並力求得到滿足，需求永不停息，一個需求滿足，另一個需求便會產生。

人的五個層次的需求

按語：

根據上述動機理論，必須認識的基本問題與基本需求的似本能假定，並結合臨床研究、個人觀察和已知事實，馬斯洛提出了一種強調人性積極向上的動機理論，即基本需求層次理論。馬斯洛將人的需求分為三大互相重疊的類別:意動需求、認知需求和審美需求。這其中，他特別重視意動需求的探索。他將意動需求分為五個不同層次，也就是本文所說的生理的需求、安全的需求、愛與歸屬的需求、尊重的需求、自我實現的需求。

人類的需求構成了一個層次體系，即任何一種需求的出現都以較低層次需求的滿足為前提。人是一種不斷需求的動物，除短暫的時間外，極少達到完全滿足的狀況，一個欲望滿足後，往往又會迅速地被另一個欲望所占據。人總是在希望什麼，這是貫穿人一生的特點。而人因需求所引發的行動都趨於成為整體人格的一種表現形式，從中我們可以看出他的安全感、自尊、精力、智力等情況。

人有五個層次的需求：

（一）生理的需求

生理的需求是人類最原始的、最基本的需求，如吃飯、穿衣、住宅、醫療等。若得不到滿足，則有生命危險。這就是說，它是最強烈的、不可避免的、最底層的需求，也是推動人類行動的最大動力。這種需求顯然具有自我和種族保護的意義，以飢渴為主，是人類個體為了生存必不可少的需求。當一個人存在多種需求時，如同時缺乏食物、安全和愛情，總是缺乏食物的需求占有最大的優勢，說明當一個人為生理的需求所控制時，其他需求都被推到幕後。

（二）安全的需求

安全的需求比生理的需求較高一級，當生理的需求得到滿足後，安全的需求便出現了：人類需要遠離痛苦和恐懼，需要有規律地生活以感到世界是井然有序的。我們常常能在兒童身上看到這種安全的需求，兒童喜歡統一、公平及一定的規律，缺乏這些因素時，他們就會變得焦慮不安。儘管成年人可以比兒童更好地處理他們的恐懼感，但在成年階段仍存在著各種安全的需求，如物質上的：操作安全、勞保和健保待遇等；經濟上的：如失業、意外事故、養老等；心理上的：希望解除嚴酷監督的威脅、免受不公正的待遇、遠離犯罪的侵害等。當安全的需求未能得到相應的滿足時，它就會對個體起支配作用，使行為的目標全部指向安全。處於這種狀態下的人，可能僅僅為安全而活著。

（三）愛與歸屬的需求

一個已經具備適當安全感的人，比如已經具有固定的住所和穩定的收入，他便開始需要朋友、愛人、配偶、孩子，以及在群體中立足的位置，渴望得到社會與團體的認可，希望與同事建立良好和諧的人際關係。如果這些需求得不到滿足，個體便會產生強烈的孤獨感、疏離感，產生極其痛苦的經驗。在這個相對飲食無憂的社會裡，這些需求的受挫是引起人類不良反應的主因。關於愛的需求，需要說明的是，愛不單是指兩性間的愛，而是廣義的，體現在互相信任、理解和相互給予上，包括愛與被愛。在這種關係中，兩個人會拋棄恐懼，不再戒備。我們必須懂得愛，否則整個世界就會陷於敵意和猜忌之中。

（四）尊重的需求

一旦愛的需求被滿足，尊重的需求便顯露了。尊重的需求可分為自尊、他尊和權力欲三類，包括自我尊重、自我評價，以及受到他人的尊重。與自尊有關的，如自尊心、自信心，對獨立、知識、成就、能力的需求等。尊重的需求也可以加以劃分：渴望實力、成就、適應性和面向世界的自信心，以及渴望獨立的自由；渴望名譽與聲望。聲望來自別人的尊重、受人賞識、注意或欣賞。滿足自我尊重的需求就會產生自信、價值和能力經驗、力量及適應性增強等多方面的感覺，若阻撓這些需求，將產生自卑感、虛弱感和無助感。基於這種需求，願意把工作做得更好，希望受到別人的尊重，藉以自我炫耀，指望有成長的機會、有出頭的可能。雖然尊重的需求很少能得到完全的滿足，但有基本上的滿足就可以產生推動力。這種需求一旦成為推動力，就會令人產生持久的幹勁。

（五）自我實現的需求

自我實現的需求是最高級的需求。通俗地說，即成為你能夠成為的那個人。在某個人身上，它可能表現為希望成為一位理想的母親，而另一個人則可能想在體育上大顯身手，還有人可能想在繪畫或創造發明方面有所表現。在這一需求層次上，個體間的差異是最大的。有自我實現需求的人，似乎在竭盡所能地使自己趨於完美。自我實現意味充分地、活躍地、忘我地、全神貫注地體會生活，從而實現自己的抱負。換句話說，一位作曲家必須作曲，一位畫家必須繪畫，一位詩人必須寫詩，否則他始終無法寧靜。一個人能夠成為什麼，他就必須成為什麼，他必須忠於自己的本性。這一需求就可以稱為自我實現的需求。

人都隱藏著這五種不同層次的需求，但在不同時期表現出來的各種需求的迫切程度是不同的。人最迫切的需求才是激勵人行動的主因。

在高層次需求充分出現之前，低層次的需求必須先得到一定的滿足。低層次的需求得到基本滿足之後，它的激勵作用就會降低，其優勢地位將不再保持下去，這時高層次的需求便會取而代之。這也就涉及到「初級需求」與「高級需求」的問題了。

初級需求與高級需求的差異

按語：

基本需求按優勢或力量的強弱排列成一種層次系統；層次的基礎是生理的需求，往上依次是安全的需求、愛與歸屬的需求、尊重的需求和自我實現的需求；層次的順序是相對的，不是固定不變的；動機的發展是交迭的，即一種需求只要得到某種程度的滿足，就可能產生新的更高層次的需求；高層次的需求與低層次的需求之間存在著性質上的差異。

人類價值體系存在著兩種不同的需求：一類是沿生物譜系上升方向逐漸變弱的本能或衝動，稱為初級需求或生理需求；一類是隨生物進化而逐漸顯現的潛能或需求，稱為高級需求。

必須指出的是，人的五種需求不可能完全滿足，愈到上層，滿足的百分比愈少。且新需求在優勢需求滿足後的出現，並不是一種突然的現象，而是一種緩慢的、從無到有的過程。比如，某人當前的第一需求 A 僅滿足了百分之十，那麼需求 B 可能還杳無蹤影。然而，當需求 A 得到了百分之二十五的滿足時，需求 B 可能會顯露出百分之五；當需求 A 得到了百分之七十五的滿足時，需求 B 可能會顯露出百分之五十等。同時，任何一種需求都不會因為下一個高層次需求的發展而消失，各層次需求相互依賴重疊，高層次的需求發展後，低層次的需求仍然存在，只是對行為影響的比重減輕而已。

初級需求與高級需求的差異有以下幾點：

食物的需求是一切生物共同的需求，愛的需求為高級類人猿和人類所共有，而自我實現的需求則是人類所特有的。愈高級的需求，就愈為人類所獨有。高級需求是一種在物種上或進化上發展較遲緩的產物。

任何個體一出生就會顯現出生理的需求，起初也許還會以一種初期的方式顯現出安全的需求。幾個月後，嬰兒才初次表現出與人親切的跡象，以及選擇性的喜愛感。再過一段時間，嬰兒逐漸表現出獨立、自立、成就、尊重以及表揚的要求。而自我實現的需求，即便是天才也要等到三、四歲時才會有所顯現。可見，高級需求是較遲緩的個體發育的產物。

高級需求與初級需求相比，高級需求不太善於支配、組織以及求助於自主性反應和機體的其他能力。例如，剝奪高級需求不像剝奪初級需求那樣易引起強烈的抵禦反應。愈是高級需求，對維持純粹的生存也愈不迫切，其滿足也愈能長久地持續，且這種需求也愈容易永遠消失。

在較高層次上生活的個體，其身體狀況愈佳，愈沒有諸如焦慮、恐懼、冷漠等心理疾病。追求且滿足高級需求，代表了一種普遍健康的趨勢，一種脫離病態心理的趨勢，不僅可以維護個體的生存，還可以促進個體的健康成長。

高級需求不像初級需求那樣迫切。高級需求很難被察覺，甚至容易被搞錯，容易因暗示、模仿或錯誤的信念和習慣而與其他需求相混淆。因此，一個人若能真正了解自己的高級需求，知道自己真正想要什麼，那無疑是一個重要的心理成就。

初級需求的滿足，充其量只能產生慰藉、放鬆的作用，很難產生更深刻的幸福感、寧靜感以及內心生活的豐富感。而高級需求的滿足能達到這樣的效果。

高級需求的實現需要有更好的外部條件，如家庭、經濟、政治、教育等。

從一般意義上而言，在高級需求的層次上，生活變得更加複雜。尋求尊重、地位比尋求友愛涉及到更多人，需要更大的舞台、更長的過程、更多的手段，以及更多的從屬步驟和預備步驟。在友愛的需求與安全的需求相比較時，也存在著這樣的差異。

高級需求比初級需求具有更大的價值。熱情由高級需求激發。人的最高級需求——即自我實現——就是以最有效、最完整的方式表現自己的潛能。個體願意為高級需求的滿足犧牲更多東西，而且更容易忍受初級需求得不到滿足時的失落。例如，他們比較容易適應禁慾生活，比較容易為原則而抵擋危險，為自我實現而放棄錢財和名聲。

需求層次越高，愛的趨同範圍就越廣，即受愛的趨同作用影響的人數越多，愛的趨同的平均程度也越高。兩個相愛甚篤的人會不加區別地對待彼此的需求。對他們而言，對方的需求的確就是他自己的需求。

在一定程度上，需求層次越高，自私的成分就越少。飢餓是以自我為中心的，它唯一的滿足方式就是自己得到滿足。但是，對愛以及尊重的追求卻必然涉及他人，而且還涉及到他人的滿足。已得到足夠的基本滿足繼而追求友愛和尊重的人，其傾向於發展如友愛、忠誠以及公民意識等品質。可見高級需求的追求和滿足具有益於公眾和社會的效果。

高級需求的滿足比初級需求的滿足更接近自我實現。在那些生活在高級需求層次的人身上，我們可以發現他們有更高的趨向自我實現的特質。

高級需求的追求與滿足導致更偉大、更堅強、更真實的個性。生活在自我實現層次的人，既是最愛人類的人，又是個人特質發展得最充分的人。

在越高的需求層次上，心理治療就越容易，並且越有效。相反，在最低的需求層次上，心理治療幾乎沒有任何作用。例如：心理治療不能消除飢餓感。

初級的需求比高級需求具體化，更可觸知，也更有限度。飢渴的軀體感與愛相比要明顯得多，而友愛則還比尊重更帶有軀體性。此外，初級需求的滿足比高級需求的滿足更可觸知，更可觀察。且初級需求比高級需求有限度。換言之，初級需求只需較少滿足物就可平息。例如：飢餓時我們只需吃一點食物。然而，友愛、尊重以及認識的滿足幾乎是無限的。

對以上內容進行概括，我們可以看出：基本需求按優勢或力量的強弱排列成一種層次系統；層次的基礎是生理的需求，往上依次是安全的需求、愛的需求、尊重的需求和自我實現的需求；層次的順序是相對而非固定不變的；動機的發展是交迭的，即一種需求只要得到某種程度的滿足，就可能產生新的更高層次的需求；高層次的需求與低層次的需求之間存在著性質上的差異。

認知和理解的需求

按語：

馬斯洛稱上述五個層次的需求為意動的需求。除此之外，馬斯洛認為人類還存在著另外兩種類型的需求，即認知、理解與審美的需求。對此，也許我們會問「這兩種需求與前述五種需求是否可以歸入同一層次系統？」，馬斯洛認為這兩種需求與意動的需求並不處於同一階層發展系統，而是表現出一種既相互重疊，又相互區別的關係。

關於認知和理解的需求，有很多理由說明它是客觀存在的。它具體包括理解、系統化、組織、分析、尋找聯繫和意義、創立一個價值系統的欲望等。這些欲望也組成了一個小小的階層系列，其中了解的欲望優先於理解的欲望。優勢階層集團所具有的一切特徵也同樣適合於這個小集團。

關於認識和理解的欲望，馬斯洛認為精神健康的一個特點就是好奇心。雖然沒有足夠的科學資料和臨床資料證實這是一種基本需求，馬斯洛仍列舉了以下幾點理由來說明好奇心是一個全人類的特點：

（一）動物行為中常常表現出好奇心。

（二）歷史上有許多例子證明人即使危險臨頭也會想繼續探求知識，哥倫布、伽利略就是這樣的人。

（三）對心理成熟者的研究結果顯示，他們往往對神祕的、未知的、不可預測的事物心馳神往。

（四）臨床經驗顯示，曾經健康的成年人也會感到厭倦、壓抑，對生活失去興趣，並厭惡自己。如果經常做著愚蠢工作、過著愚蠢生活的話，這些症狀也會出現在有才智的人身上。我們身邊有許多女性，她們風華正茂卻無所事事，於是她們的智力逐漸衰退。有些人接受了建議，使自己致力於一件值得努力的事情上，她們的病情會減輕或消失。這使我認為，求知的需求是存在的。

（五）兒童似乎有著天生的好奇心。

（六）好奇心的滿足是主觀上的滿足；人類常說學習和發現未知的東西會給他們帶來滿足和幸福。

需要強調的是，沒有必要在認知需求與意動需求之間採取絕對的二分法。了解和理解的欲望本身就是意動的，並且和基本需求一樣，同屬於人格需求。另外，認知需求與意動需求之間是互相關聯而非截然分離的。它們是彼此協調而非互相對立的。獲取知識，使宇宙系統化，就某種程度而言，是在世界上獲取基本安全的一種方法。對於智者而言，這是表達自我實現的方式。探究和表達自由也可看作是滿足基本需求的前提。

許多行為學家認為，對秩序、系統和穩定的追求是一種強迫症的形式。馬斯洛認為這一點雖然是正確的，但是健康人身上也會有這種行為，只是不會為此陷入無法擺脫的境地。

有人把對秩序、系統和穩定的追求這一過程稱為尋找意義，那我們應該假設人有一種對理解、組織、分析事物、使事物系統化的欲望，一種尋找諸事物之間關係和意義的欲望，一種建立價值體系的欲望。

審美的需求

按語：

當一個人看到一幅斜掛在牆上的畫時，便有不可遏制的衝動要去把它掛直。當我們看到前面走來一個蓬頭垢面、衣衫襤褸、渾身汙穢不堪的流浪漢，或者歪嘴斜眼、滿目眼屎、鼻涕流涎的乞丐，大概都會本能地產生要遠遠避

開的想法。整潔、淡雅的房間比凌亂骯髒的房間令人覺得舒服。這就是人類擁有的一種較高級的需求——審美的需求。馬斯洛曾以經過選擇的人為對象，在臨床人格學的基礎上研究這類現象，並確信在某些人身上確實存在真正的審美需求。醜陋會使他們生病，而身處美的環境能使他們痊癒，他們積極地渴望著，只有美才能滿足他們的欲望。愛美是人的天性。

我們關於審美的需求、衝動、愉悅、創造性以及所有與審美有關的經驗，很少能透過實證進行把握。但是，審美的經驗是如此強烈，審美的渴望是如此迫不及待，使得我們無可避免地想要設置一些概念來指稱這些主觀事物。為了解釋這些強烈的經驗，建立理論是極其重要的。

在常識中，我們很容易收集到零零散散的證據，證明關於審美需求假設的合理性，正如我們在證明認知需求存在時所做的那樣。如果別無他物，書目調查本身就可以證明這項研究的合理性。審美問題是一個尚未解決的問題，一個當今的心理學家應該攻克的問題。

不幸的是，除了大聲疾呼「問題！問題！」之外，我們現在提供的只有幾條有待以後討論的假設所劃分的區別。

首先，我們不能說「一種」審美需求，就好像它僅指某一種特定的衝動似的。其實，審美衝動可以辨認出多種，其中幾種——甚至所有的衝動都可以認為是審美的需求。

人的審美反應是大多數人認為不可言表的、主觀的、自省的、有意識的反應，即它不能夠用言語描述，只有親身經歷後才會了解。但是，仍然有許多詞語被普遍用於描述這種經驗。例如，我們常常可以聽到人類用以下語言來形容審美感受：心跳加快、屏氣凝神、全神貫注、舒坦暢快以及激動顫抖等。

馬斯洛覺得審美經驗與心理學家所說的「感官衝擊」或許有一些相似。例如，這種經驗就好像一個人突然被冰涼的水浸泡時所產生的反應。目前我們只是對這種可能存在的相似性進行猜測，但這一點是容易檢驗的。

審美經驗會導致各種簡單的平常反應，比如，我們會樂意收藏那些怡情樂性的事物，如繪畫、音樂等。或者，我們會去參觀藝術展或博物館、音樂會等。總之，現在我們只能夠說明欣賞、樂趣、愉悅以及鑑賞，還談不上「真正的審美創造」。

從理論和實踐兩方面來說，審美創造與審美鑑賞是不同的。不必說傳說中有討厭音樂的小提琴家，就連品味高雅的鑑賞家也常常毫無創造性。甚至在原則問題上，批評家與富有創造力的藝術家之間的論戰似乎是永無休止的。在分析藝術創作活動時，似乎有數種分類和區分可以使用，其中大多數對心理學毫無用處。但是，有一種區分十分重要，那就是表達性創造力和模仿性創造力之間的差異。

表達性創造力不一定具有交流性，也不一定容易為眾人所接受，但它在心理治療中意義重大，例如，純粹表達性的繪畫對於創作者之外的人可能有意義，也可能毫無意義。且不談該繪畫實際具有什麼樣的美感，它至少可以給創作者本人帶來極大的愉悅和情感的宣洩。

顯然交流性的藝術與之大不相同，因為其中含有其他交流形式所具備的部分或全部動機，而且會產生多種效果。例如：學術講座就是這樣。如果我們的根本興趣在於審美享受以及審美創造，我們就會對表達性而非交流性的藝術更感興趣。

有時候，一首詩、一幅畫會像一場學術講座一樣具有說服力，或者說，它的目的是表達性，但同時又具有交流性。例如，一幅畫可以具有很強的裝飾作用，同時也可以為我們描繪或使我們想起世界上還有美好的一隅。

拋開美學本身不談，我們研究審美衝動的天生的強烈興趣也許就有重要的理論意義。

審美衝動最簡單的例子就是讓物品各歸其位的欲望。我們想這樣做或許是為了對稱，或許是為了條理清晰，或許是為了布局。比例失調、組合歪扭，都會在我們心中喚起一種重新調整、改善以及糾正的衝動。

這種情況是否可歸因於我們內部需求或外部干擾，或者更確切地說——歸因於融為一體的兩種因素，這一點具有重要的理論價值。

實證研究對於闡明一切問題無疑是十分重要的。

成長性動機與匱乏性動機

按語：

馬斯洛晚年時期對人的需求層次的觀點進行了一番重大修正與發展。主要體現在成長性動機與匱乏性動機的區分上，特別是他提出了超越性動機理論。

對初級需求與高級需求的關係進行考察，在一定程度上揭示了各種需求的不同性質，但顯然還不足以說明自我實現的需求與其他各級需求之間的根本差別。鑑於此，有必要提出匱乏性動機與成長性動機的區別，並以成長性動機概念進一步說明自我實現需求的性質，從而使動機理論得到進一步的完善。

這一區分源於對人類行為的分析。依據並非所有的人類行為都是有動機的觀點，首先區分出因應性與表現性兩種行為，這兩種行為存在以下區別：

根據定義，因應是有目的、有動機的；而表現則常常是沒有動機的。

因應更多是決定於環境和文化的可變因素；表現則主要取決於機體的狀態。它往往就是那種狀態的一部分，比如智商低下者的愚笨，健康者的笑容和輕快的步伐，和善者深情的儀表，美女的嬌柔等。

因應多半是後天習得的；而表現幾乎是與生俱來、釋放性和不受抑制的。

因應更容易被壓抑、約束、阻止、受文化滲透的影響；而表現往往不受控制，甚至不可控制。

因應的目的通常在於引起環境的變化，且常常如意；表現則沒有任何目的，即便是引起環境的變化也是無意的。

因應特別表現為手段行為，其目的是滿足需求或消除威脅；表現則往往就是目的本身。

因應是有意識的，雖然它可能成為無意識的；表現則經常表現為無意識的，至少不是充分有意識的，比如我們通常意識不到自己行走、站立或大笑的風格。

因應性需作出努力；而表現在大多數情況下都毋須費力。

表現性行為證實了人的行為並非都是由動機驅動的事實，基於此，馬斯洛建議用「超越性動機」或「後動機」概念來描述自我實現者的動機。可以說，最高級的動機就是達到非動機，即純粹的表現性行為。換言之，自我實現的動機是成長性促動，而不是匱乏性促動。這是第二次天真，聰明的單純，適意的狀態。

由上述內容，我們進而區分出了兩種不同的動機：

（一）匱乏性動機

匱乏性動機指的是機體的基本需求或匱乏性需求，它在本質上是有機體身上的赤字所形成的需求，我們稱之為匱乏需求或匱乏性需求。這些匱乏就好比因健康而必須填充起來的空洞，而且必定是由他人從外部填充而非主體填充的空洞。

（二）成長性動機

成長性動機則是指被自我實現的趨向所激發。馬斯洛將自我實現定義為：個人成長的巔峰期。此時個體已擺脫由基本需求和匱乏性動機帶來的憂患。對大多數人而言，它不是終點，而是完成充分發展的一種動力和渴望。同時，也是我們在任何時候、任何程度上發揮自身潛在天賦能力和趨勢的一個過程。由此可見，馬斯洛已對先前基本需求的概念進行了修改：基本需求僅限於生理的需求、安全的需求、愛與歸屬的需求以及尊重的需求，而自我實現的需求則從基本需求的範疇中分離出來並進入到成長性動機或超越性動機的範疇。

當人屈從於匱乏性需求的滿足或被成長所支配時，在人的心理生活的許多方面均會表現出差異：

匱乏性需求可以說是抵制衝動，將使人煩惱、憤怒、不快的東西予以排除，即縮小需求、緩解緊張、降低驅力、減少焦慮；對自我實現的需求而言則是認可衝動，衝動是令人滿意、愉快和受歡迎的，雖然它們構成了緊張，但這些緊張也是令人愉快的，並不需要加以緩解或排除。

匱乏性需求是以階層等級的方式彼此聯繫起來，以致一種需求的滿足以及當它移開活動中心會導致更高層需求的浮現，需求和欲望雖繼續展開，卻是在更高一層的水準上展開，其自身則要求緩解緊張和恢復平衡；而對成長性動機而言，滿足滋生出了更多的動機，滿足增強了成長的欲望，成長本身就是獎賞和激勵的過程。

匱乏性需求的滿足是消極地避免疾病；而成長性需求的滿足會導致積極的健康。

匱乏性需求帶來的是貧乏的、低層的，最多算是寬慰的愉快；而成長性動機帶來的是豐富的、高層的，且具有更大的穩定性、持久性和不變性的愉快。

匱乏性需求是物種的需求，為人類所共有，甚至其他物種也有這種需求；成長性需求則是特異的，一旦匱乏性需求獲得滿足，每一個人就會以其獨特的形式開始發展，為了自己的目的使用這些必需品。

匱乏性需求只能由他人來滿足，因此它在很大程度上依賴於環境，而受匱乏性動機激發的人必定是畏懼環境的；自我實現的人則有更多自信和自制力，他們相對獨立於環境，更受自己內在的本性、潛能、天資、創造衝動的支配。

受匱乏性動機激發的人，要多依賴他人，他們是出於私利而更需要、依戀、期待他人的，因此他與他建立的人際關係是一種有私利的人際關係；而受成長性動機激發的人，則是從完全無私利、無所求的角度去客觀地、完整地認知另一個人，因此他與他人建立的人際關係是一種無私利的人際關係。

受匱乏性動機激發的人往往把注意力集中於自我意識，是以自我為中心的；受成長性動機激發的人則把注意力集中於世界，能以問題為中心，因此能超越自我，成為最充實、最純潔的人。

對由匱乏性需求的滿足受挫所導致的匱乏疾病的治療，其基本要求是提供缺乏的東西，由於這些東西來自別人，一般來說，治療必然是人際的；而受成長性動機激發的人，其衝突和問題經常是自己向內求助於沉思——即自我檢查的方法解決的。

建立在匱乏性動機基礎上的學習是一種手段學習，即學習從外部世界滿足匱乏性動機的方法；建立在成長性動機基礎上的學習則是知覺學習、增進領悟和理解、認識自身和人格的穩定成長，即增強協調、整合和內部一致性的學習或性格變化的學習。

與受匱乏性動機激發的人的知覺相比，受成長性動機支配的人的知覺往往是超然的、被動的、不受干預的知覺，它更能知覺對象的內在本性，超越事物的二元對立。

在匱乏性需求中，愛表現為匱乏愛，這是一種自私的愛；而在成長性需求中，愛則表現為非需求的、非自私的愛。

超越性動機

按語：

公元一九六〇年代中期，馬斯洛的心理學進入到超個人心理學階段。有感於人本主義自我實現概念在社會上的誤用所帶來的危害，加上東方文化的影響，以及研究的深入，馬斯洛開始以超越性動機論來說明自我實現需求的性質及其在需求層次系統中的地位。

在區分匱乏性動機與成長性動機的時候，馬斯洛曾將成長性動機稱作超越性動機，並從超越生理、安全、愛與歸屬、尊重等基本需求意義上闡述了這一概念。現在有必要對「超越性動機」這一概念進行補充，以充分澄清馬斯洛的觀點。

馬斯洛認為必須在兩種動機之間做出區分：一種是自我實現水準以下的人的普遍動機，也就是受基本需求所激勵的人的動機；另一種是他們所有基本需求都已得到足夠滿足，不受基本需求激勵，主要是受「高層」動機所激勵的動機。因此，我們最好將追求自我實現人的這些高層動機和需求稱為「超越性需求」，並在動機範疇和「超越性動機」範疇之間進行區分。

研究發現，自我實現者無一例外都獻身於一項身外的事業、獻身於他們自身以外的某種東西。他們專心致志地從事某項工作，某項他們非常珍視的事業。從事於命運以某種方式安排他們去做的事，他們做這些事，也喜歡這些事，工作與娛樂的分歧在他們身上消失了。他們往往能和工作打成一片，並使工作成為自身的一個規定性特徵，成為自身的一部分。在他們的意識中，他們為之獻身的任務似乎可以解釋為內在價值的表現。他們熱愛這些任務，因為他們體現了這些價值。也就是說，他們最終喜愛的是這些價值而不是工作本身。這些內在價值很大部分與存在性價值交叉重疊，又或許是等同。存在性價值也能像需求一樣起作用。因此，我們可以認為，追求自我實現的人主要不是受基本需求所激勵，而是受超越性需求所激勵——存在性價值的超越性激勵，他們的自我已經擴大到包括世界的各個面向，自我與非我之間的區分已被超越了。

什麼是存在性價值呢？

存在性價值作為高峰經驗（高峰經驗通常指一種短暫的狂喜、入迷、出神，以及極大的幸福感和愉快。在這種短暫的時刻裡，能感受到敬畏、崇拜和奇妙的心情，體會到「此時此地」以及真實而齊一存在的感覺，同時也體會到超越與神聖。這種經驗多發生在自我實現者身上。詳細內容見本書第六章「經歷高峰經驗」中的內容。）中所見世界的描述，可以和人性豐富者的特徵、理想兒童的特徵等相比。它像需求一樣起作用，因而可稱之為超越性需求。

超越性需求和基本需求從性質上說都是類本能的，可以造成避免疾病和達到最充分的人性或成長的作用，如果被剝奪，會引發某種類型的病態，即超越性病態——靈魂病。

超越性需求和基本需求也存在著很大的差異：

基本需求的各個層次比超越性需求要占優勢，也就是說，基本需求比超越性需求更強而有力；

基本需求可稱為匱乏性需求，具有前述匱乏性需求的各種特徵，而超越性需求則具有前述成長性需求的各種特徵；

超越性需求在它們彼此之間同樣有力量，不能像基本需求那樣排列出一層層單純的等級。但在任何給定的個人中，它們往往按照特異才能和體質的差異而有高低層次的排列。

超越性需求似乎並不會在基本需求滿足之後自動到來。基本需求的滿足可能是超越性需求的先決條件，但不是充足條件。超越性需求的產生不僅要求自我實現者沒有疾病、基本需求得到充分滿足、能積極運用自己的能力，而且還要受到某些為自己所追求、探索並甘願為之獻出忠誠的價值感的激勵。

在《Z 理論》一文中，馬斯洛對其超越性動機論又作了重要的修正。

可以區分出兩種不同類型的自我實現者：

（一）健康型自我實現者

健康型自我實現者主要是更實際、更現實、更能幹和更世俗的人，他們經常生活在此刻的世界或匱乏的王國、匱乏性需求和匱乏性認知的世界。

（二）超越性自我實現者

超越性自我實現者可以說更頻繁地意識到存在王國，生活在存在水準目前的水準、內在價值水準，更明顯地受超越性動機的支配，經常有統一的意識或高原經驗（高原經驗是指對於感受到的敬畏與神奇做出平靜的、穩定的反應，與高峰經驗相比，它沒有那麼強烈的感情色彩。相反，它含有更多理性與認知的成分，也多是出於意志的行為。例如：一個母親靜靜地坐著，照顧她坐在地上玩耍的小寶寶。）有的曾經有高峰經驗，並伴隨啟示、事識或認識。

在二者所屬的動機層次上，從總體上看，僅僅健康的自我實現者能實現麥格雷戈 Y 理論的期待，但關於超越型自我實現者，我們必須說，他們不僅已經實現，甚至超越了 Y 理論。他們生活在一種被馬斯洛稱為 Z 理論的水準上。由於它和 X、Y 兩種理論同處於一個連續系統中，三者可以形成一種整合層次。

在此，我們有必要對 X 理論、Y 理論、Z 理論的內涵加以了解。

這三種理論均屬於管理學理論，三者都是建立在一定動機論的基礎之上。X 理論和 Y 理論的名字是由麥格雷戈提出的。

麥格雷戈將流行於美國企業界的那種專制管理方法稱為「X 理論管理方法」。這種理論把人看成是被利用物，看成是無個性的存在，是可以汰換的。認為一般人僅僅生活在生理需求的層次，處於脫離價值和人性衰弱的水準。他們本能地厭惡工作，必須對他們採取逼迫、控制、指導，甚至懲罰等專制的管理方法，才能使他們有效率地完成工作。

麥格雷戈抨擊了 X 理論管理方法，並根據馬斯洛前述的「人的五個層次的需求」提出了 Y 理論管理方法，其基本設想是：

在工作中花費體力和腦力就和玩遊戲、休息一樣自然。一般人並非本能地討厭工作。工作究竟是一種滿足，還是一種懲罰，取決於人為控制的條件。

外部控制以及懲罰的威脅並不是使人努力完成集體目標的唯一手段。人會為了達到他所努力的目標而自我指導、自我控制；

為一定的目標獻身是獎勵成就的一種結果，最有意義的獎勵是自我以及自我實現的需求得到了滿足，它可以變成為集體目標而奮鬥的直接結果；

只要有合適的條件，普通人不僅能學會承擔責任，還能學會追求責任；

使用較高程度的想像力和創造力來解決問題的能力，為多數而非少數人所有；

在現代工業生產條件下，普通人的聰明才智只被發揮出一部分。

顯然，Y 理論與 X 理論相比已經發生了很大的轉變。Y 理論已不再將人視為物，而是將人看作從孩子到共同利益和共同需求滿足的使用者，進而到真正的自我、自我實現者的階段。其人性的發展程度則涵蓋了從發育不全到健全人性各個水準。從需求的層次上看，Y 理論立足的是從安全需求到自我實現需求的各個層次。

其實，麥格雷戈 Y 理論的提出，馬斯洛是十分讚賞的，但隨著兩種不同類型的自我實現者的區分，馬斯洛對 Y 理論便有了不滿足之感，因此便有了 Z 理論的誕生。

Z 理論並不排斥 X 理論、Y 理論，而是在 X 理論和 Y 理論的基礎上，進一步強調超越性自我實現者受超越性需求的鼓勵。他們的心理發展水準處於超自我、超個人的水準，在管理上是非個人的，包括自願放權等。

在此，馬斯洛實際上已將超越性需求與一般自我實現的需求區分開來。或者說，超越性需求已帶上了超越一般自我實現的涵義。在這種的情況下，如果將超越性需求納入需求階層系統，原先需求層次論即：

自我實現的需求
尊重的需求
愛與歸屬的需求
安全的需求
生理的需求

就可以重新排列為：

Z 理論	超越性自我實現的需求
Y 理論	健康型自我實現的需求
	尊重的需求
	愛與歸屬的需求
	安全的需求
X 理論	生理的需求

Z 理論的提出，標誌著馬斯洛動機理論的澈底形成。

第三章 洞察人格

對於人格而言，雖然遺傳基因和早期經歷可能會決定你人格的框架，但是，你未來的自我如何發展則完全取決於你自身的努力。正如人格形成的漫長過程一樣，對人格進行認識和重塑也需要一個很長的過程。慶幸的是，確定自己人格的新航程，進行轉舵並堅定地走下去，你就一定會有所改變。

需求滿足與性格形成

按語：

性格教育能否在課堂中進行？書本、演講、問答式教育以及勸誡是否為可使用的最佳工具？全日制學校能否造就出好人？是否好的生活就能造就出好人？是否愛、溫暖、友誼、尊重以及善待兒童，對於兒童的性格結構就能有良好的影響？本節馬斯洛告訴我們，這是由於堅持兩種不同的性格形成理論，進而提出的兩種不同的問題和觀點。

以列維的實驗為例，這種實驗一般是取一組剛出生的動物，例如幼犬，使牠們的某種需求（例如吸吮）得到滿足，或遭受一定的挫折，這類實驗包括小雞的啄食行為，嬰兒的吸吮行為以及各類動物的活動。在所有的實驗中發現，一個充分滿足的需求會遵循自己特殊的軌跡，根據其性質全然消失或在往後生活中保持理想化的低水準；而在那些某種需求受到挫折的動物身上出現了各種病理現象，其中與我們的討論關係密切的是：堅持已超過正常消亡時期的需求；大大加強了這一需求的活動性。

需要強調的是，列維關於愛的需求的實驗為我們作了重要揭示——揭示了生命早期滿足與成年性格形成之間完整的聯繫。健康成年人的許多典型特質，例如，寬容被愛者的獨立能力，忍受愛的匱乏的能力，愛但又不放棄自主權的能力等，是童年愛的需求滿足的積極後果。

如果我們盡可能明確、直覺地描述對立的理論，它可以歸納為：一個充分熱愛孩子的母親，在孩子身上以獎勵、加強、重複等方式，培養了一種以後生活中的對愛的需求的力量減弱的傾向。例如，親吻的可能性減少，更少依戀母親等。教會孩子從各個方面尋求感情，對感情有永久渴望的最好方法是一定程度上拒絕給他們愛。

心理學專家在講到對孩子進行自由選擇實驗時，往往將性格特質的形成歸功於訓練。他們說：「如果孩子從睡夢中醒來，你就把他抱起，那他不就學會了在想要人抱他的時候哭喊嗎？因為你鼓勵了這種哭喊。同樣地，如果你注意孩子想吃什麼就給他吃什麼，難道不會寵壞他嗎？如果你注意孩子的滑稽舉動，他不就學會裝傻來吸引你的你的注意力了？如果你凡事遷就孩子，他不就會一味地要求更多嗎？」其實，要回答這些問題，僅僅依靠學習理論是遠遠不夠的，我們還必須求助於滿足理論和機能自主理論。

此外，我們可以從直接觀察到的滿足的臨床效果中，獲得另一類關於需求滿足與性格形成之間關係的論點資料。

就生理的需求而言，人類文化不會將食物和水的滿足視為性格特質。然而，即使在生理需求的層次上，我們也遇到了相對難以決定的兩種情況。如果可以討論休息和睡眠的需求，我們當然也可以討論它們的挫折及挫折的效果——睏乏、疲勞、精力不濟、萎靡不振，甚至可能有懶惰、嗜睡等情況。這就是原始需求滿足的直接後果。它們如果不是公認的性格特質——至少對於人格的研究有著明確的意義。這個觀點同樣也適合用於性的需求，如性滿足，以及對立面性壓抑的範疇。

就安全的需求而言，我們有充足的資料來探討。恐懼、害怕、焦慮、緊張、擔心、不安等，都是安全需求受到挫折的後果。同類的臨床觀察清楚顯示了安全需求滿足的相應效果，如具有安寧感、焦慮以及緊張的消失、對未來充滿信心、感到安全等。無論怎樣描述，惶惶不可終日的人與感覺安全的人之間有著性格上的差異。

其他諸如愛、歸屬、尊重、自尊的需求，也有類似的情況。這些需求的滿足引發了如深情、自尊、自信、可靠等特性。

需求滿足的特性產生的後果與一般特質（仁慈、慷慨、無私、寬容、沉著冷靜、愉快滿意以及其他諸如此類的特質）有很大的關係，這些特質似乎是一般需求滿足的間接後果，換言之，即不斷改善的心理、生活狀況的間接後果。

當然，我們還無法判斷需求滿足的特性產生的後果與一般特質之間的關係，是否具備更強而有力的決定性因素，然而，偏重強調需求的滿足與需求的受任何一方所產生的後果對比是相當明顯的，我們必須認識到這一問題。

病態人格與完美人格

按語：

馬斯洛指出，人類容易對自己的幸福視若無睹，忘記幸福或視之為理所當然，甚至忽略了幸福的價值，他認為這是需求滿足引起的病態人格，如何才能擁有滿足、快樂、平和、沉靜等完美人格呢？馬斯洛認為，所謂適應良好的人格概念實際是為成長和進步樹立了一個低矮的標竿。努力追求真、善、美，而不是假、醜、惡，必須發展一門個性科學，而本節「病態人格與完美人格」的探討，可以說是開了這門個性科學的先河。

在研究的過程中，我們發現了一個結論：人只要在任何一個基本需求中受到挫折，就可以將其想像為病人。

一個健康的人根本上就是受其發展和實現自己最充分的潛能和能力的需求所促動的。如果一個人存在著活躍的、長期的，具有任何其他意義的基本需求，他就可以被視為一個不健康的人，就像他突然顯現出一種強烈的缺鈣症或缺鈉症一樣，他無疑是生病了，在這個意義上，若使用「病態」一詞，我們還必須正視他與他所處的社會之間的關係。

對此，馬斯洛給出了一個明確的涵義：既然一個基本需求受到挫折的人應該被視為病人，而這種基本需求的受挫完全是由這個人之外的力量造成的，那這個人的疾病完全是根源於社會的某種疾病。所以我們應該給良好、健康的社會下這樣的定義：它透過滿足人的一切基本需求允許人出現最高意圖。

似乎人類從來就沒有長久地感到滿足過，與此密切相關的是，人類容易對自己的幸福視若無睹，忘記幸福或視之為理所當然，甚至忽略了幸福的價值，這是需求滿足所引起的病態人格。

我們可以觀察到一個鐵的事實：需求一經滿足，機體會立即放棄緊張、壓迫、危急等感覺，允許自己變得懶散、鬆弛、被動，允許自己玩耍嬉戲、享受陽光，允許自己注意微不足道的事物、遇事漫不經心、往往無意間獲得而不是有意識地追求。換言之，自己變得相對漫無目的了；需求的滿足導致了無目的行為的出現。

物質生活的富裕使我們看到越來越多的疾病。其症狀包括：厭倦感、自私自利、自以為是，以及「理所當然」的優越感，對一種不成熟的低水準的眷戀，人與人之間友愛的喪失。顯而易見，在任何一段時間裡，物質生活或初級需求的生活本身並不能給人帶來滿足。

我們也必須面對另一個新的、由心理富裕導致病態的可能。也就是說，病因是由於患者得到無微不至的關懷、愛護、崇拜，被歡迎所包圍，被膜拜到忘乎所以的地步，被推到舞台的中心位置，擁有忠誠的僕人，無論在什麼地方，各種需求都能得到滿足，甚至成為人類甘願犧牲和自我克制的對象。

我們所根據的是強烈的懷疑、普遍的臨床印象，以及兒童心理學家和教育家逐漸形成的觀點——單純的基本需求滿足是不夠的，對於兒童而言，他們必須去體會堅強、隱忍、挫折、約束、限制等感受。換言之，基本需求的滿足最好能被仔細地重新定義，否則，它很容易被誤解為無限度地溺愛、無條件地應允、過分地保護以及奉承等。對兒童的愛和尊重必須與對自己作為家長或普遍意義上的成年人應得到的愛與尊重作協調。兒童也是人，但他們不是有經驗的人，必須將他們視為對許多事情不了解、對有些事一無所知的人。

另一類由滿足引起的病症表現可稱為「超越性病態」，即是指生活缺乏價值觀念、意義感、充實感。

對許多人而言，即便是最強烈的快樂也會變得索然無味、失去新鮮感，唯有經歷了喪失、困擾、威脅，甚至是悲劇之後，才能重新認識其價值。對於這類人，特別是那些對實踐沒有熱情、死氣沉沉、意志薄弱、對享受人生有強烈牴觸情緒的人，讓他們體會失去幸福的滋味，就能使他們重新認識身邊的幸福。

人是一種充滿內在矛盾的可疑動物。一方面，他稟賦著理性和同情心——儘管我們現在不再堅持啟蒙時代的樂觀斷言，認為只要透過某種政治和教育的改革，人民就能自然而然地過上有德行的生活，但大多數人仍相信，民主是為多數人實現某種程度幸福生活的有效途徑。然而另一方面，我們也常常目睹那些相對有教養、過著富裕生活的人以某種醜陋的方式行事。

在馬斯洛看來，所謂適應良好人格的概念，實際上是為成長和進步樹立了一個低矮的標竿。公牛、奴隸，甚至機器人，都可以具備這種良好的適應能力。

那麼人如何才能無私？如何擺脫嫉妒？如何獲得堅強的意志和性格？如何擁有樂觀精神、友好態度、現實主義態度？如何實現自我超越？如何獲得勇氣、真誠、耐心、忠誠、信賴、責任感？

當然，對於積極心理學而言，最適當的研究對象是心理健康的人，但積極心理學更強調對健全的人的研究，如那些有自信心的、有安全感的、精神愉悅的、富有民主思想的、內心平和的、富有激情的、慷慨善良的人，以及那些創造者、聖人、英雄、領袖、天才等。

什麼力量能夠產生社會期待的，如善良、助人為樂、友好、寬容、鑑別力、正義感、好惡感等優秀品格？

為什麼人與人之間總是存在差異？什麼行為是對事業的獻身？什麼力量導致人類忠誠地將自身奉獻於一項超越自我的事業或使命？

以上問題皆是我們亟需解決的。由此，對於個體個體化的研究，我們必須發展一門個性科學。

需要指出的是，對於病態人格和完美人格的研究尚處於淺顯的程度，以致我們的論點不突出和模糊，但研究是必要的，我們必須堅持下去，相信不久的將來，我們對於人格內容會有更深入、更全面的了解，並以此來指導我們的生活。

成為你自己

按語：

現實生活中，那些被視為近似瘟疫的年輕人，在馬斯洛看來，他們本質上都是非常好的人。即使他們有時會出現不良的行為，但馬斯洛仍認為，他們就第一流的意義而言也是理想的，他們是在尋求價值，他們很想以什麼東西作為獻身的目標，作為熱忱的追求，作為崇拜、仰慕和熱愛的對象。

所有自我實現者都會投身於一項自我以外的事業之中，他們專心致志地從事某項工作，某項他們非常珍視的事業——即天命或天職。從事於命運以某種方式安排他們去做的事，他們做這些事，也喜歡這些事，工作與娛樂的分歧在他們身上消失了。一個人獻身於法律，另一個人獻身於正義，第三個人獻身於美或真理。這些人都以某種方式獻身於尋求被馬斯洛稱為價值「存在」的東西。這些存在價值大約有十四種，包括真、善、美等。

這些存在價值的存在給自我實現的結論增添了一系列的複雜性。這些存在價值像需求一樣起作用。那種被馬斯洛稱為「超越性需求」的剝奪會釀成某種類型的病態，我們可以稱其為超越性病態——即靈魂病。例如，總是生活在爾虞我詐之中，而形成不信賴任何人的病態。正如我們需要諮詢專家以解決因為某些需求未能得到滿足而產生的一般病症，超諮詢家治療因為某些超越性需求未能得到滿足而產生的靈魂病。就某種可以說明和實證的方式而言，人需要在美中而不是醜中生活，正如他肚子餓了需要吃飯，或疲乏了需要休息。說得更具體一些，這些存在價值是大多數人的生活意義，但許多人無法認知自己有這些超越性需求。諮詢家的職責在於使他們意識到自身的這些需求，正如傳統心理分析家使患者意識到他們那些類似本能的基本需求一樣。

諮詢家或超諮詢家可以幫助那些因存在價值問題而去諮詢的人向自我實現的方向運動和成長。事實上，許多年輕人本質上是非常好的人，儘管他們經常惡作劇，無論如何，他們就第一流的意義而言也是理想的，他們是在尋求價值，他們很想以什麼東西作為獻身的目標，作為熱忱的追求，作為崇拜、仰慕和熱愛的對象。這些年輕人時刻都在進行選擇：是前進還是後退？是離開還是趨向自我實現？或許，諮詢家和超諮詢家可以告訴他們如何更充分地成為他們自己。

塑造完美人格

按語：

對於你的人格而言，雖然遺傳基因和早期的經歷可能會決定人格的框架，但是，未來的自我會如何發展完全取決於你自身的努力。

你的遺傳基因不僅能決定你的性別、身體特徵、種族，而且能影響你的人格。例如，讓同性別的雙胞胎出生以後就在不同的環境中成長，數年後，儘管他們在出生後的經歷方面存在著很大的差異，但是，有的雙胞胎卻表現出驚人的相似：同樣的舉止和幽默感，相同的生活情趣，相似的職業和愛好。這一切都顯示了基因對人格的影響。

除此之外，環境在塑造人類的性格和人格方面也發揮著重要的作用。兒童的確就像海綿一樣，他們吸取周圍一切資訊和影響，並把這些因素融入到他們的思想和行為之中。我們的興趣、信仰、態度、價值觀以及與他人的聯繫方式等，這一切都受到家庭、朋友以及文化的影響。

總之，我們的遺傳基因和環境條件在塑造人格方面具有重要的影響。

對於你的人格而言，雖然遺傳基因和早期的經歷可能會決定你人格的框架，但是，未來的自我會如何發展完全取決於你自身的努力。例如，你的人格可能綜合了父母的良好特質，摒棄了你不喜歡的特質——如脾氣急躁。你能決定不讓這個脾氣在你的人格中占據主導地位，或不恰當地表現出來。憑藉堅定的意志，你可以成功地控制和改掉這個脾氣，雖然其中偶爾也會有失誤。換言之，在早期的發展過程中，你能夠形成一種人格傾向，並在後來的發展過程中，根據你個人的目標對自己的人格進行再塑造。

然而，在分析你的人格時，你可能會感到常常缺乏自信心，並被毫無安全感所困擾。在回顧你個人的歷史時，你可能發現在某種程度上，這種情感是由於父母批評太多、表揚太少，不能形成穩定的安全感和自我價值所需要的個人支持而造成的。你可能發現在成長過程中，其他的因素也對這種情感的形成造成了一定的作用：如離婚或求職遭到拒絕等痛苦和令人失望的事情。這些經歷都會對人格的形成產生影響，而且，這些過去的事情已經不能被改變了。因此，更重要的是：你現在打算做什麼？雖然你不能改變已經發生的事實，但你可以控制自己如何對待它。你可以選擇讓這些已經過去的事情繼續影響自己的人格，也可以選擇一條截然不同的生活道路來超越這些影響，塑造自己的未來。

當然，變化並不會立即發生。你的人格發展到目前的狀態經歷了很長時間，而你對自己的人格進行認識和重塑也需要很長的時間，這就像改變一艘郵輪的航程：你需要轉舵來改變方向，但是，該郵輪原有航行的力量使得轉舵改變方向只能是個漸進的過程，而不是一個激進的方向改變。人格的變化同樣如此，有意義的改變是一個過程，但是，透過轉舵確定新的航程，並堅定地走下去，你就會發生改變。

走出憂鬱的陰影

按語：

當你感到特別的憂鬱時，你可以選擇向憂鬱屈服，讓它剝奪你有意義和有作為的生活願望；你也可以選擇戰勝憂鬱。你該用什麼武器來打敗這個來自你自身的敵人呢？你具有思想的力量，能夠進行批判性思考、清楚地推理以及自由地選擇。

讓我們考察一個大家都很熟悉的問題：憂鬱。請想想你上一次憂鬱的情況。你對前途感到倦怠、目標不明確、悲觀了嗎？你感到這種低落的情緒即使付出再多努力也是無力改變的嗎？

從表面上來看，憂鬱似乎是一種普遍和衰弱的內在強制力，以至於我們彷彿用任何方法都無法走出憂鬱的陰影。人類如何能為他們明顯無法控制的處境負責呢？又該使用哪些方法才能消除憂鬱症呢？

首先要意識到，即使身處憂鬱症這樣強而有力的痛苦之中，你仍然能夠改變。

同樣地，當你感到特別憂鬱時，你可以選擇向憂鬱屈服，讓它剝奪你有意義和有作為的生活願望；你也可以選擇戰勝憂鬱。你該用什麼武器來打敗這個來自你自身的敵人呢？你具有思想的力量，能夠進行批判性思考、清楚地推理以及自由地選擇。這也是解釋人類行為時非常直接和容易使人誤解的方法。順應不良的行為和神經過敏的情感，都基於不合邏輯和自我毀滅的信仰的基礎之上，透過改變你思考的方式，可以把行為和情感轉變到積極的層面來。實際上，所有嚴重的心理疾病和神經過敏的行為都是「不良思考」的結果。不清晰、不合邏輯和方向錯誤的思考會產生心理疾病，透過清除不恰當的思考模式，這些心理疾病可以得到緩解和減輕。艾利斯透過研究發現，個人可以憑藉選擇改變自己的思考方式。從前學者認為，人類的思考或是被內在的心理驅動力所「推動」，或是被外部的力量所「拉動」。但假設人類能夠控制自己的思考，也就能夠控制自己如何感覺和行動。

假定你正耐心地排隊等候公車，這時，突然有個人猛地從後面推你一下，你會有怎樣的感覺？如果你認為這個人是有意推你，那你很可能會感到憤怒。現在假定你轉過身來看看究竟是怎麼回事，你看見那個推你的人戴著一副墨鏡，手裡拄著一個拐杖向前探著路。你現在的感覺又如何呢？如果你認為那個人是盲人，你可能會對自己最初的憤怒感到很尷尬，認為你得出的結論是錯誤的。現在假定每個人都上了汽車，你把這個人領到座位上，他摘下墨鏡，開始看報紙，現在你的感覺又如何？是的，你肯定明白了一切。我們對世界上所發生的事情的情緒反應直接建立在對事情如何思考的基礎上。當你的思考產生變化時，你的情感也會隨之改變。

「合理的情緒心理療法」是改善人類生活品質的一種方法，它建立在以下的原則基礎之上：

神經過敏的傾向往往是天生的，或是在童年期就有的，但是這些傾向因個人不斷重複早期就有的神經過敏的信念而延續下來。

既然情緒是密切關聯的，是人的思考產物，那精神病就是由錯誤的、不合邏輯的信念所組成，這些信念導致某人會用自我毀滅的方式去感覺和行動。

人類可以透過改變不正常的思考模式，以清晰、理智的思考模式取代之，來清除他們身上這些自我毀滅的傾向。要做到這一點，就必須找出那些不斷反覆、使人類的情緒失控和行為失當的不合邏輯的信念，向這些信念提出挑戰，以正確的信念取代之，最終達到對影響生活各方面的個人生活哲學作基本調整。

這種「合理的情緒心理療法」在幫助人類解決個人問題方面被證實為有效。因此，讓我們把這個方法應用到我們一直在探討的「憂鬱」問題上，看看它究竟是怎麼回事。對如何運用這個方法有了一個明確的認識之後，你就能夠把它運用到生活的任何領域，使你的生活更加幸福。

慢性的憂鬱症是一種被意識到的思覺失調，是對世界悲觀認識的自然結果。當每個人都可能遇到的不幸降落在一個悲觀者身上時，悲觀者對這些不幸的反應是憂鬱：「這完全是我的錯，它將永遠地持續下去，它將損害我所做的一切。」這種反應是習慣性的和自動的，反映了一種在塑造個人的生活中發揮重要作用的思考模式。當同樣的不幸降落在一個樂觀主義者身上時，他的反應是盡量減少挫折和不幸感：「這個錯誤主要是由環境造成的，無論如何，它很快就會消失。生活中還有更多值得我們去追求的東西！」這種反應方式在幫助樂觀者深處逆境而不憂鬱是很有作用的。

悲觀者對不幸的慣性消極反應反映了錯誤的和不合邏輯的信念，這種信念會帶來很多心理問題，其中包括憂鬱。解決這些問題的方法是用正確的信念來代替錯誤的信念，以確立新的思考和反應模式。例如，悲觀者可以透過改變他們的「解釋風格」，學會像樂觀者那樣去思考和感覺——它體現了你的生活哲學。你是一個可尊敬的、有價值的人，還是一個一文不值的人？你能完善自己並提高生活的品質，還是你對有意義的改變無能為力？你的解釋風格——日復一日，年復一年，你就會建立塑造你人格思考和感覺的模式。

例如，假定你剛知道兩週後將失去工作，你對就業的前景感到很渺茫，每個人面對這種情況都會有這種心理經驗。雖然同樣的事情可能既會降臨到悲觀者身上，也會降臨到樂觀者的頭上，但他們對此作出的反應完全不同，從中反映了不同的解釋風格。

在生活的每個方面——學習、工作、運動、健康，甚至是長壽——樂觀者比悲觀者有更大的成功機率，就如才能和動機在取得成功方面是非常重要的，樂觀可以被看成是繼才能和動機之後第三個取得成功的重要因素。當你面對逆境時，不能給自己說喪氣的話，這種樂觀思維是很重要的，它能使你學會一系列新的技能和態度，從而以更有效的方式重塑你對世界的看法。

權力主義者的性格結構

按語：

生活中有許多人在不知不覺中有著權力主義的傾向。權力主義者把自己生活的世界描繪成一個叢林，在這個叢林中，人與人之間相互爭鬥，整個世界充滿了危險、恐懼與殘殺，人在本質上都是自私的、邪惡的。作進一步的類比，即在這個叢林中的動物不是吃掉對方，就是被對方吃掉；不是鄙視對方，就是畏懼對方。除此之外，權力主義者還具有其他一些特徵，本文作了一一描述。

有些人認為，關於性格結構的討論過於從純粹心理學的角度出發，去分析那些本質上應屬於人與外部世界相互關係的問題，故性格結構的討論常常遭到指責。但是，馬斯洛並不贊同這樣的指責。關注此種關係中的任何一方當然是有用的，也是切實可行的。馬斯洛認為，忽視心理因素而一味關注經濟、政治、社會以及其他因素，會使我們對自己與自己所生存的世界的關係缺乏正確、合理的認識。在任何情況下，性格結構都應該被理解為是許多決定性因素的具體化。無法否認，或許最重要的因素是有機體在自己生命歷程中所經歷的環境或場所。

換言之，性格結構在很大程度上是作用於每個人的所有環境因素的反映。我們接下來要討論的世界觀更是如此。因此，馬斯洛認為性格結構也和世界觀一樣，是心理學和社會學的交叉點。

一、權力主義者的世界觀

許多人簡單地認為，權力主義者都是瘋狂的、古怪的和不可理解的，但事實並非如此。權力主義者有自己的邏輯，他們的行為不僅是可以理解的，而且從他們的觀點看，也是非常公平、正確的。要理解權力主義者單一特徵的多樣性，我們就必須先了解他們的基本哲學，馬斯洛將這種基本哲學稱為世界觀。

同其他心理上感到不安全的人一樣，權力主義者把自己生活的世界描繪成一個叢林。在這個叢林中，人與人之間相互爭鬥，整個世界充滿了危險、恐懼與殘殺，人在本質上都是自私的、邪惡的。作進一步的類比，即在這個叢林中的動物不是吃掉對方，就是被對方吃掉；不是鄙視對方，就是畏懼對方。在這裡，安全與否完全取決於自身的力量，而最主要的是統治權。倘若自己不夠強大，唯一的選擇就是找一個強大的保護者；倘若自己足夠強大，就會出現某種形式的和平。

從心理學的角度來說，權力主義者就像叢林中的動物，他們從來不會互相尊重、互相愛護，他們只有兩種表現，即畏懼別人或被別人畏懼。

一旦我們了解權力主義者的世界觀，我們也就不會反對權力主義者所做的一切，這都是合乎邏輯、容易被理解的了。如果世界真的像叢林一樣，人類就會像動物一樣爭鬥，那權力主義者的憂慮、敵視、多疑也就無可厚非了。但如果世界不是叢林，人類也並不以自我為中心、自私、殘忍，在這種情況下，權力主義就是錯誤的了。

二、權力主義者的等級傾向

權力主義者擁有一種等級傾向，在這種傾向中，他們將大多數人——甚至所有人——都視為競爭對手。他們或者低人一等，被人控制、嘲弄、羞辱；或者高人一等，使人畏懼、巴結、崇拜。人類就像站在階梯上，被垂直分成了不同的等級。

與此相反，民主主義者總是尊重別人，不用非黑即白、非好即壞的二分法對待人，而是以不同的方式對待每一個人。在不傷害他人的前提下，民主主義者總是願意充分體諒別人的興趣、目標以及人身自由。民主主義者更傾向於喜歡而不是討厭別人。在他們看來，如果有充分的機會，每一個人從本質上來說都是好的。

我們將民主主義者看待個體差異的方式稱為差異的鑑別力和感知力，以此與權力主義者的等級傾向相對比。需要強調的是，大家首先是人，都是獨特的、值得尊敬的，其次才有優劣之分。提到優劣，將它們與對差異的鑑別聯繫是可能的，但我們應給予這些術語不同的定義。當然，權力主義者也看到了差異，但對他們而言，正如弗羅姆指出的：「差異意味著優劣，不具備優劣的差異對他們來說是無法想像的。」

三、權力主義者眼中優劣的普遍化

權力主義者總是傾向於按照和自己的優劣關係將所有人分為兩類。並認為低賤的人在任何事情上都處於劣勢，優秀的或強壯的人在任何事情上都占有優勢，這是因為在叢林中，力量往往是最終起決定作用的唯一因素。

而民主主義者辨別優劣的標準則更具體、更現實、更具可行性，他們所考慮的不是作為整體的人，而是某一特定的水準或能力，也就是說，一個人之所以優秀，是由於他某一件事做得好。更明確地說，民主主義者辨別優劣的標準不全憑被辨別者的能力，而是依據其目的、動機和任務。民主主義者眼中的優劣，其比較的基礎是和需要處理的任務、問題相聯繫的；而權力主義者眼中的優劣，不是根據完成的任務或工作效率對比出來的，而是用普遍化的方式進行判斷的。

四、權力主義者對權力的欲望

權力主義者對於權力、名譽、地位有很強的欲望。在極端的情況下，可以說權力主義者對權力有顯而易見的心理需求。此外，他們很渴望擁有權力，特別是對別人的控制權力。

對民主主義者來說，他們很少考慮權力、名譽、地位的問題，在他們看來，權力是指駕馭問題和事務的能力，而不是指控制他人的能力。民主主義者如果擁有權力，他們不會用來滿足個人的需求，而是用來滿足自己所管理的一群人的需求；相反，一旦權力主義者擁有了權力，他們就會自私地用來滿足自己的心理需求，特別是在受到挑戰的時候，他會強硬、殘忍，甚至是以虐待狂的方式運用自己的權力。

五、權力主義者的敵視、憎恨與偏見

敵視、憎恨、偏見，是權力主義者最顯著的特徵。

從心理學角度來說，他們所敵視、憎恨的對象具有隨機性和偶然性。例如，反猶太主義、反黑人主義、反天主教主義等，這些都不是構成權力主義者的必要因素，只是他們恰好就受到他們身邊某一群人的敵視與憎恨。從理論上講，可以是長著長耳朵或是藍眼睛的人，也可能是詩人、屠夫或禿頭。永恆不變的只是對某個代罪羔羊的憎恨，而不是代罪羔羊的選擇。

六、權力主義者傾向於由一個人的外部表現來評判一個人

權力主義者另一個顯著特徵，就是傾向於由一個人的外部表現，如頭銜、金錢、控制他人的權力、姓氏、出身等，來評判一個人的優劣。判斷誰應該受到尊重，一部分原因是因為那些人有聲望、有控制他人的權力。但事實並非完全如此，權力主義者尊重或貶低他人，有時僅僅來自一個純粹而簡單的理由，即對於那些受到尊敬的人，不論出於什麼原因，只要他們被人民認為是優秀的、高高在上的，權力主義者就會給予尊敬。

對民主主義者來說，這些外部表現遠不如被判斷者的本質特徵、性格或能力重要。民主主義者更傾向於由一個人的內在本質來評判一個人。對他們而言，評判一個人，無論其職位多高，地位多顯赫，名聲多響亮，都是遠遠不夠的，他們所尊敬的人必須是個好人，換言之，民主主義者不會因為人民認為應該尊重某人，或人民都尊重某人而去尊重這個人，他們只尊重那些在實際作用上值得尊重的人。

七、權力主義者價值標準單一

權力主義者只用一種價值標準，去衡量所有的人和所有的成就。

在西方文明中，優劣的差異建立在單一基礎上，例如種族、出身、財富、榮譽等所有能賦予人控制他人的權力的東西。無論在哪個領域，無論在討論什麼問題，權力主義者總是不由自主地對那些優秀的人言聽計從，根據統治的價值標準來評判這些人處於優勢。

相反，民主主義者承認價值的多種標準，願意考慮與自己觀念不同的價值標準。這些價值標準是特定的、具有實際作用的。如果討論歷史話題，他會尊重一名優秀的歷史學家的意見，但不一定會因此在他並不占優勢的領域也看重他的意見。他們敬佩一個人，因為他傾盡一生之力實現了自己的夢想，成為最好的化學家、運動員、小說家或其他職業，儘管其成就對評判者而言並不重要。

八、權力主義者將善良與懦弱相混淆

權力主義者總是有意或無意地將善良、同情、寬容與懦弱相混淆，而將殘忍、野蠻、自私、強硬與力量聯繫在一起。

民主主義者由於自身的性格結構而無此傾向，甚至恰好相反。許多我們認為是自身的性格結構，如誠實、謙虛，在權力主義者看來卻是懦弱、低下。這一點很容易理解。正如我們前面的類比，權力主義者實際上是生活在心理的叢林中，在叢林中不是吃掉對方，就是被對方吃掉。如果真如權力主義者所設想的那樣，所有人都是自私自利的，那這個世界上誰還願意相信別人，誰就會被鄙視為純粹的白痴。

九、權力主義者有利用他人的傾向

從我們已經討論過的權力主義者的特徵中，我們可以清楚地看到，權力主義者總認為其他人是供他使用的工具，是達到目的的手段，是剝削的對象，是棋盤上的棋子。我們甚至會發現，權力主義者傾向於認為，處於劣勢的人並非真正的人，他們受到傷害、剝削、被剝奪權力，甚至是被殺死都無所謂。假設權力主義者認為「不是你死，就是我亡」的世界觀是正確的，這種想法也就順理成章了。如此一來，傷害、剝削、殺死他人也就成了一個人地位與力量的證明。

而民主主義者生活在另一種心理世界裡，他們很少利用他人，因為他們認為其他人並非自己的敵人，而是自己的手足，不構成對自己的威脅。

十、權力主義者有施虐和受虐的傾向

權力主義者都有施虐和受虐的傾向，也就是說，他們既是施虐狂，也是受虐狂。哪一種傾向占上風，很大程度取決於環境因素。如果處於控制他人的地位，他們就會很殘忍；如果處於從屬地位，他們就有受虐狂的傾向。正是由於自身的這種傾向，即使自己成為被虐待的對象，他們也會理解並從內心深處贊同優於他們的人所實施的暴行。他們可以理解溜鬚拍馬者，也可以理解奴隸，雖然自己並不是那樣的人。

十一、權力主義者永遠也不會澈底滿足

權力主義者出於自己的本性，其欲望永無休止，永遠也不會澈底滿足。從理論上來說，權力主義者對於權力的渴求是不會得到滿足的，因為他們的滿足感源自對他人的控制權，但他們同樣也會感覺自己受到威脅，比如奴隸的憎恨、缺乏友誼、對他人的不信任等。如果我們設想一下，權力主義者追求權力是一種滿足自己潛意識心理需求的方式，我們就會明白他們的需求注定得不到滿足，他們未滿足的基本需求包括安全感、愛與歸屬感。由於權力主義者運用權力，很少能滿足這些需求，反而更容易受挫折，因此對權力的需求通常不能得到滿足。

權力主義者永遠野心勃勃，這就意味著他們的幸福是短暫的；民主主義者則恰恰相反，他們可以找到幸福，因為他們大部分的基本需求都得到了滿足，他們所追求的滿足感是可以實現的。

十二、權力主義者的內疚感與心理矛盾

在西方文明中，強大的文化力量使得民主主義和權力主義兩種類型同時存在。其中一方面包括基督信仰、人道主義、社會主義和合作運動等；另一方面則包括資本主義、民族主義、帝國主義、權力主義教育和家長制的家庭等。

對大多數權力主義者而言，如果不是從小就一直生活在權力主義的文化背景下，就會不可避免地產生心理矛盾。他們總是重新解釋與他們自身哲學相衝突的東西，將權力主義的內容硬塞進民主主義的形式中。

這種解釋即使成功，也難免牽強附會，不付出極大的努力和承受巨大的壓力是難以達到的。在我們所知的大多數事例中，可以發現一種強烈的內疚感，這種內疚感有時非常明顯，是敵對情緒的泉源之一。這種敵對情緒是國家權力主義性格的特徵。

顯然這樣的描述可以不斷進行下去，但礙於篇幅的限制，在此我們只能對權力主義者的性格作以上簡略描述。在結束本節之前，我們仍有兩個問題必須加以討論：

其一，權力主義者是可以改變的嗎？

我可以肯定地回答：「是。」心理治療醫生已經多次透過心理分析以及短期療法使權力主義者的情況得以改變。但必須說明的是，治療只是針對神經方面的、或由心理壓力引起的疾病，而不是為了治療權力主義。如果一個人沒有恢復健康的主觀意願，治癒並不是那麼容易的事情。

其二，權力主義者究竟是對是錯？

如果僅從心理學角度來考慮，答案是非常簡單的。事實上，在權力主義者的眼中，造就普遍人性的條件僅在一小部分人身上存在。對於最終能實現

這些條件的人，我們稱為心理變態人格。可以說，只有他們才是完全無禮的、自私的、沒有良心的，與其他人沒有任何聯繫或負任何責任。

北美黑腳印第安人的人格

按語：

關於人格常常有這樣兩個問題：一個人的人格在多大程度上取決於天性？一個人的人格在多大程度上取決於祖先傳下來的文化？這些問題唯有透過心理學家或者有一定心理學知識的人類學家進行實地考察才能找到答案。本文是跨文化人格研究的一次嘗試，馬斯洛在對北美黑腳印第安人的人際關係進行研究後，結合自己所做的人格研究，論述了維持這種文化模式的人際關係會產生什麼樣的人格。

我們既不能認為現在的北美黑腳印第安人單純是合作性的，也不能認為他們單純是個人主義的。既存在影響行為的合作模式，也存在引起個人間競爭的情況。大致看來，對整個文化而言，個人主義的壓力是最基本的。這一文化極其尊重個人的欲望、目標、抱負、愛好和獨特的風格。但另一方面，人民也可自由表達幫助他人的願望。當一個人的車出了問題時，附近每一個人都很樂於助人，幫他度過難關，人民沒有想到要索取報酬。當一個人笨手笨腳、沒有辦法收拾好帳篷時，人民也同樣自發性地幫助他。對於那些需要許多人一起做的工作，則交由群體中的所有人共同完成。當特蒂·依婁弗萊想把他的馬圈起來，準備烙上記號、閹割和接種時，他只需簡單地對一些人打招呼，說他明天要做這些事。第二天到了約定的時間，有六七個年輕人來幫助他，而做這些事是沒有報酬的。一個陌生人在保留地內迷路了，他在問路時若遇到一個黑腳印第安人，這個黑腳印第安人會花上一個小時的時間來幫助這個人走到正確的路上去。這些舉動都只是一種自然而然的幫助，而不是出於出於外界的責任或公共意見的壓力。

現在，我們要停下來，看看上述我們所討論的文化模式中的人際關係會產生什麼樣的人格，或維持這種文化模式的是什麼樣的人格。

從童年開始，每個人都能感到許多溫馨的感情紐帶將自己與社會的其他部分融為一體。我們能夠仰賴朋友的幫助，並對他們的友愛確信無疑。在童年時也會受到紀律的約束，但這並不意味會失去愛。因此，每個人都在一個充滿友愛的氛圍中開始自己的生活，成為這個氛圍中的一分子，並給後代的孩子提供同樣的溫暖。當孩子長大後，他的擴散性關係將透過建立各式各樣的朋友關係而得到加強，所以說，每個人都擁有許多可以依賴的朋友。黑腳印第安人生活在一個充滿友愛的社會，因而感到自己是安全的。從這個意義上來說，他們的人格是具有安全感的。

經過不斷地觀察研究，馬斯洛發現：典型的北美黑腳印第安人的人格特徵是真誠、友善，而沒有不安全感、懷疑感、妒忌、忌恨、敵意及焦慮。確實存在一些可被稱為「追趕性的」或不安全的黑腳印第安人，但只是少數而已。黑腳印第安人的人格一般是：具有良好的態度、自尊和自信。人民常大膽地盯著感興趣的人看。婦女通常很害羞。儘管部落的信仰中有許多帶來恐懼的情境，如鬼魂或巫術，但黑腳印第安人卻很少表現出恐懼感。除了極少數例外，他們幾乎不害怕物質世界中的任何東西，對鬼魂的害怕程度也很淺。危險並不能嚇著他們，而他們也從不魯莽或逞強。他們對於真正的危險有著極現實的設想，在面對這些情況時極為謹慎。比如當一個人知道自己會被一匹發狂的馬摔下來，除非非騎不可，否則這個人是不會去騎牠的。這並不是他害怕被摔下來，而是他認為沒有被摔下來的必要。

黑腳印第安人的人格誠實而真誠。一個人若認為自己的祈禱不誠心，他就不會再祈禱。他們在日常生活中也一樣真誠，你可以很清楚地感受到他們懷有各種感情。黑腳印第安人總是直率地去做正確的事，而不注意禮節，也不會急於去做。在他們的文化中沒有像「你好」、「謝謝你」、「請」、「對不起」這樣有禮貌的的社交用語。他們不會給別人讓座，他們先給自己點煙，自己抽掉最後一根煙。吃東西時也不客氣。他們不會為了別人而克制自己。他們穿著隨心所欲，不論一個人穿得多極端，也不會有人品頭論足。必須理解的是，這裡所舉的所有例子並不是指他們粗魯，這只是意味著他們的坦白和直率。一個人的參照中心就是他自己，他們自發性地遵從自己的規則，對自己的智慧充滿自信，相信自己對他人沒有敵意、意圖友好。黑腳印第安人都喜歡娛樂。他們非常喜歡玩遊戲、運動和跳舞。黑腳印第安人都很幽默，生活中充滿了笑聲，毫無顧忌或緊張。他們喜歡開玩笑，有時還無意識地創造玩笑，他們常無拘無束地唱歌跳舞。他們可以毫不猶豫地獨自跳起來。即是說，任何人都不會等別人先跳才開始跳，或者說他們不會因為獨自跳舞而感到窘迫。在其中一種「貓頭鷹舞」中，由女人先跳，她們會在男人中挑選舞伴，並不感到害羞或緊張。一般而言，部落裡的每個人都會唱歌、跳舞，也常參與唱歌和跳舞。如果你想要找出誰唱得最好，大家會說所有的年輕人都唱得很好。

黑腳印第安人的人格幾乎沒有對權力的追求，即使有也很微弱。在煤礦中，人民往往寧願做工人也不願當老闆。他們並不想支配別人——即使他有較高的地位，他也不願用自己的權力來指使別人。與這些態度相伴而存在的是，人民沒有低人一等的感覺，對於別人或能力更強的人的成功，他也不會感到妒忌和怨恨。

因此，黑腳印第安人的人格幾乎包含了我們所描述的具有安全感的人格的所有層面，他們的許多行為顯示了很高的自尊。

第四章 挖掘人的潛能

美國著名的心理學家、哲學家威廉·詹姆斯斷言：普通人只用了他們全部潛能的極小部分。每個人身上都潛藏著無限的能力，如果你能睜開心靈的眼睛正視自己，你將驚喜地發現，自己是如此地幸運，因為你總是能及時而自信地面對那些和你的能力相聯繫的各種機會和可能性。

約拿情結

按語：

馬斯洛相信人性有一個普遍表現，就是對於成長的渴望，對於提高並實現自我的衝動，以及發揮潛能的願望。與此同時，馬斯洛心中存在著很大的疑惑：為什麼沒有更多的人在生活中發揮自己的潛能？是什麼在人的心中起阻礙作用？在本文中，馬斯洛提供了一個嘗試性卻十分精彩的答案。

人性的一個普遍表現，就是對於成長的渴望，對於提高並實現自我的衝動，以及發揮潛能的願望。這是許多人本主義、存在主義的心理學家所相信的。如果對此沒有疑問，我們還需要解釋為什麼沒有更多的人在生活中發揮自己的潛能？據我們所知，目前只有佛洛伊德有關心理動力學的觀點是解決這一問題最有效的模式，即衝動本身與阻礙其表達的防禦之間是一種辯證的關係。一旦我們接受了這樣的假設，即最根本的人類衝動是要向健康、完善和自我實現的方向發展，我們就必須分析所有阻礙成長的障礙、防衛、逃避和抑制的傾向。

佛洛伊德關於「固著」和「倒退」的術語，對我們有很大的幫助。當然在過去的半個世紀中，心理分析領域的發現也同樣對我們理解成長的畏懼，對於理解成長中斷甚至倒退有很好的幫助。不過，佛洛伊德的概念並不能解釋這一領域的所有問題。因此，我們有必要設計一些新的概念。

當我們立足於心理分析的知識，並且超越佛洛伊德的心理學時，就會不可避免地發現我們稱之為「健康無意識」的心理機制。簡單地說，我們不僅壓制自己危險的、可怕的、可憎的衝動，也常常壓制美好而崇高的衝動。例如，社會上普遍有一種對於感情脆弱的忌諱。人類常常羞恥於做一個充滿愛心、心地善良的人，即羞恥做一個高尚的人。這種對於美好本性的忌諱在青春期的男孩子身上最為明顯。他們常常會殘酷地拋棄所有可能被稱為女性化的、女孩子氣的、柔順的特徵，而想讓自己看起來體格健壯、態度沉著和無所畏懼。

事實上，這種情況並不限於青春期的男孩子，它在社會上相當普遍。有些聰明絕頂的人經常對自己的智力持矛盾的看法。為了和「普通人」一樣，他們甚至會完全否定自己的智力，去逃避自己的命運，就像聖經上的約拿。讓一個有創造性的天才承認自己的天賦，並完全接受它、發揮它，超越自己的矛盾心理，這往往需要半輩子的時間。

馬斯洛發現這樣的情況同樣適用於有領袖資質的人——天生的領導者、指揮官、老闆等。他們常常為了如何看待和對待自己而感到困惑。對於自高自大、偏執的防範，更確切地說——對於虛榮心的防範，這使他們陷於一種內部衝突：一方面，正常人都願意公開地、愉快地表達自己，發揮自己的全部潛能；另一方面，他又發現自己必須經常掩飾這些能力。

在社會中，優秀的個體往往要學會像變色龍一樣披上謙虛的外衣——至少，他已經學會不公開表示對自己及自己能力的看法。我們的社會不允許一個聰明的人說：「我是十分聰明的人。」這常常被視為自誇，會引起負面反應，甚至遭受抨擊。

如果一個人說他自己很優秀，即使這是事實，而且已經得到了證實，其他人也會認為這個人是在強調自己的領導地位、要求他人服從。如此一來，其他人反感和懷有敵意也就很正常了。世界上的各種文化普遍存在這種現象。於是優秀的個體學會透過貶低自己來避免他人的敵視和打擊。

問題是，我們必須自感堅強、充滿自信才能具有創造力，才能達到既定的目標，才能發揮自身的潛能。但優秀的人卻陷入了這種矛盾的衝突：一方面，正常的內在精神使他希望能最大限度地發揮自身的潛能；另一方面，社會卻要求他意識到別人會把他的真實能力看成是一種威脅。

我們說精神官能症患者可能就是因懼怕懲罰和敵意而過度壓抑自己的人，他們放棄了最大的可能性以及發揮全部潛能的權利。他們謙遜、逢迎，甚至有受虐傾向，他們之所以變成這樣，完全是為了避免懲罰。總之，他們自願降低自己人格成長的可能性，因為他們害怕因聲張優秀而受到懲罰。他們削弱並阻礙了自己的發展，以便滿足安全的需求。

但是，人的深層的本性並不能完全被否定。如果這些本性不能直接、自發、酣暢地表現出來，就不可避免地要以一種隱祕的、模糊的，甚至鬼鬼祟祟的方式表現出來。失去的能力可能會在噩夢中、在令人焦慮的自由聯想中，以及在奇怪的口誤中或難以解釋的感情中得到表達。對於這樣的人，生活變成了一場永無休止的鬥爭。

如果說精神官能症患者完全放棄了成長的潛能、杜絕了自我實現的可能性，他看起來反而是一個典型的「好人」——謙遜、順從、靦腆，甚至自我貶低。這種潛能的放棄及有害後果的最戲劇化的表現，便是導致人格分裂。其中，受到否定與壓抑的潛能最終以另一種人格形式逃離出來。在所有這類病例中，分裂之前所表現出來的人格，是一個完全傳統、順從、溫和與謙恭的人。他一無所求、憂鬱寡歡，毫無生物性的自私傾向。在這種情況下，戲劇化地出現了新的人格，一般來說是更加自私、追求享樂、易於衝動，並難以拒絕誘惑的人。

於是，大多數優秀的人所做的便是對更廣泛的社會妥協。他們對於既定的目標躍躍欲試，向自我實現的目標邁進。對於自身的特殊才能，他們往往希望一展身手、盡顯其能。但是，他們同樣會將上述傾向用謙遜、恭順掩飾起來，或至少寡言少語，以隱藏鋒芒。這有助於我們用新的眼光來看待精神官能症。精神官能症患者是在爭取自己與生俱來的完整人性，他們想要實現自我、充分發揮自己的潛能。但同時，他們又為恐懼感到緊張，有掩飾或隱藏自己正常的衝動，這些衝動帶上罪惡感使他們得以減輕自己的恐懼，同時也消除了其他人的敵意。

更明確地說，精神官能症可以看成是所有生物共有的成長與表達的衝動，又與恐懼糾纏在一起。在這種情況下，成長是以一種扭曲、痛苦、毫無喜悅的方式發生的。正如心理學家安吉爾在公元一九六五年所作的評論。他說，這樣的人可以說是在「逃避自己的成長」。

如果我們承認自我的核心部分地具有生物的性質，包括身體的構造、組成、生理機能、性情、偏好、為生理所驅使的行為。我們就同樣可以說這樣的人會逃避自己命中注定的生物特性，甚至可以說——這種人是在逃避自己的事業、責任和使命。即是說，他在逃避一項適合他特性的任務，他為之而生的任務。他在逃避自己的命運。

從這個意義上來說，每個人都在被召喚著去完成一項適合自己特性的任務。逃避、恐懼、猶豫不決、矛盾重重都是典型的「精神官能症」的反應。這些反應之所以是病態的，是因為它們造成了焦慮與心理障礙，產生了各式各樣的症狀。

但是，從另外一個角度來看，這些機制也同樣可以視為是走向健康、自我實現和完整人性的本能要求的體現。萎縮的個體渴望著完整人性，卻從來不敢大膽去實現。奔放的個體則昂首闊步，向著自己的命運邁進。這兩者之間的差異，簡單地說，就是恐懼與勇氣之間的差異。精神官能症可以說是在恐懼與焦慮下實現自我的過程，只不過這種過程受到了阻礙和束縛。精神官能症患者也要求自我實現，只不過他不是向著目標勇往直前，而是在曲折蹣跚地前行。

正視成長道路的停滯問題

按語：

本節中馬斯洛指出，自知是自我改善的主要途徑。只有充分認識疾病和健康之間的辯證關係，我們才能在成長的道路上趨向健康。也就是說，在沒有理解自己的健康傾向的情況下，我們就永遠不可能理解自己的弱點；同樣，在沒有理解自己的弱點的情況下，我們也永遠不可能充分理解自己的力量。

我們必須正視成長道路的停滯問題，即正視停止成長和逃避成長、固著、倒退以及防禦的問題，這是心理學感興趣的問題，抑或像許多人喜歡說的疾病問題。

為什麼有這麼多人，卻沒有真正的同一性？為什麼他們會這麼缺乏判斷和抉擇的能力？原因是什麼呢？

其實，原因很簡單。

首先，這些指向自我實現的衝動和定向傾向，雖然是固有的，卻十分微弱。因此，與同具有強烈本能的其他動物形成了鮮明對比，人的這些衝動可以輕易地被習慣，被不正確的社會態度、被創傷事件、被錯誤的教育所淹沒。故選擇與責任問題在人類身上比在其他物種上更加尖銳。

其次，在西方的文化中，歷史已決定一種特殊的傾向——把人類這些類似本能的需求，設想為壞的或惡的。作為這種傾向的後果，便以控制、壓抑、約束人的這個原始天性為目的，設置了許多文化機構。最後，在成長的道路上，作用於個體的力並不只有一種，而是有兩種：一種把個體向前推向健康的壓力之外；另一種是可怕的拉個體倒退的力，使個體生病和軟弱的力。換言之，我們可能向前進，朝著「高級涅槃」前進；也可能向後退、朝著「低級涅槃」倒退。

馬斯洛覺得，沒有足夠的心理病理學和心理治療學的知識，是過去和現在的價值理論和倫理理論主要的、真正的缺點。在整個歷史上，博學的人已在人類面前宣述了德行和善的美妙、心理健康和自我完成固有的稱心如意。然而，大多數人仍隨便地拒絕領受奉獻給他們的幸福和自尊。除了不斷交替著的惱怒、急躁、幻滅、斥責、規勸和失望之外，那些導師沒有收到任何東西。很多人已經舉手贊成，並且談論起原罪和固有邪惡來了，甚至推論出了人只能被人類以外的力量挽救的結論。

在這中間存放著大量的、豐富的、有啟發的動力心理學和心理治療的文獻，這是一個有關人的弱點和畏懼的巨大知識庫。我們了解到許多人做壞事的原因。從這裡出發也洞察到——儘管不是全部，但人大多數的邪惡是出於人本身的軟弱和無知，而這種軟弱和無知是可以被理解、寬恕的，同時也可以被治癒的。

馬斯洛認為，在談論人的價值的善惡時，有這麼多學者和科學家，這麼多哲學家和精神學家，他們完全無視了下述這些明白無誤的事實：專業的心理治療學家每天都在轉變和改善人性，每天都在幫助人變成更堅強、更有道德、更有創造性、更和藹、更富熱忱、更利他、更安詳的人。這種情況有時是可笑的，有時是很可悲的。人的這種提升，只是改善自我認識和自我承認的一些後果。這種自我認識，還可能在各種不同的程度上產生更多其他後果。

這個問題太複雜了，我們所能做的，只是提出價值理論為數很少的幾點結論。

自知雖然不是自我改善的唯一途徑，卻是主要途徑。對大多數人而言，自知和自我改善是很不容易的。它需要透過長期的鬥爭。雖然透過治療專家的幫助，可以使改善的進程容易得多，但是，這絕不是唯一的途徑。從治療中學到的許多東西，可以運用在教育和家庭生活，也可以運用在指導某人自己的生活。一個人想要學會恰當地尊重和欣賞這種畏懼、倒退、防禦和保險的力量，只有透過心理病理治療的研究。學會尊重和理解這些力量，就能增加幫助自己和他人健康成長的可能性。不真實的樂觀，最終會導致幻想破滅、憤怒和絕望。

概括地說，在沒有理解某人健康傾向的情況下，我們不可能理解對方的弱點。否則，只會造成治療上的錯誤。但同樣在沒有理解某人弱點的情況下，我們也永遠不可能充分理解對方的力量並幫助他。否則的話，我們就會犯過分信任理性的錯誤。

如果我們希望某人成為更完善的人，我們就必須幫助他認清自己健康的一面，同時也要幫助他認清自己不健康的一面。只有充分認識疾病和健康之間的辯證關係，我們才能在成長的道路上趨向健康。

克服陳規化思考問題的習慣

按語：

馬斯洛告訴我們，世界在不停地變化，宇宙萬物都處在一個發展過程之中。每一經驗、每一事件、每一行為都有別於曾經發生過的，或者將來會發生的其他經驗、行為等。沒有兩樣東西是完全相同的，沒有任何東西是永恆不變的。如果你清楚地意識到這一點，那麼當你做事情時，把一些東西看成是相同的，又好像是保持不變的——即根據習慣來做事，這是完全可能的。之所以能夠這樣做，是因為你知道什麼時候應該把什麼撇在一邊，你已經可以盡可能地去利用習慣了。沒有任何習慣是簡單的，對於那些不會一味依賴習慣行事的人來說，習慣是有用的，但對那些不太有見識的人來說，習慣則會導致無能、愚蠢和危險。

由於熟悉的東西不會讓人感到焦慮不安，所以當人類必須去感知問題時，他們經常努力將這一問題納入某一熟悉的範疇中。他們的任務就是要發現這一特殊問題能夠置入以前經歷過的哪一類問題中？或者這一問題適合用於哪一個問題範疇？這樣一種「置入」反應當然只有在人類感知到相似性時才有可能。在此，我們並不會討論相似性這一複雜問題，指出下面一點已足矣：這種對相似性的感知，並不一定就是對被感知的現實的內在本質的謙遜和被動的記錄。對於不同的人，他們根據不同的、適合他們個性的標籤來進行分類，但他們都能成功地將經驗標籤化。馬斯洛告訴我們，這樣的人不願意陷入束手無策的境地中，他們要把所有不能忽視的經驗加以分類，即使他們感到這可能需要把經驗加以裁剪、擠壓，甚至扭曲。

標籤化的主要益處在於，某一問題被成功地置入某個範疇之後，就會自動出現一套相應的處理技巧。事實上，這還不是標籤化的唯一理由。一位醫生在處理一種已知的、不能完全根治的疾病時，往往比處理疑難病症時感到更輕鬆一些。由上可知，那種把問題置入某一範疇中的傾向背後潛藏著很深的動機。

一個曾多次處理同一問題的人，猶如一台加滿油的機器，可以隨時運轉使用。當然，這也就意味著一個人強烈地傾向於按以前的方式處理同樣的問題。正如我們所看到的，習慣解決同一個問題，既有好處，也有壞處。在此我們可以列舉一些好處，一個人做事可以輕鬆自如一些，可以節省精力，可以有一種自動性，使自己的興趣得到恰當的滿足，不會感到焦慮不安等。而主要的壞處則在於，一個人因此失去了靈活性、適應性、發明創造性，以為這個動態的世界能夠被當作靜止的世界來對待。

習慣既是必要的，同時又是危險的;既有益處，同時又有害處。毫無疑問，習慣能節省我們的時間、努力和思想，但卻使我們付出了巨大的代價。習慣是協助適應的重要武器，但卻又對適應起了阻礙作用。習慣是解決問題的辦法，但歸根究柢，又與新的、非標籤化思維相違背，也就是說，習慣對新問題是毫無作用的。

在我們適應世界的時候，習慣固然有用，但它經常阻礙我們的發明創造性，換句話說，習慣經常阻礙我們去使世界適應我們自己。最後，習慣以一種懶惰的方式代替了真實的、新的主意，以及感知、學習和思想。

只有真正了解上述問題，我們才能走出智力的羈絆，合理地思考問題；也只有走出標籤化的桎梏，正確認識習慣的利與弊，我們才能發揮最大的潛能，更好地解決問題。

探索健康心理的新模式

按語：

在馬斯洛之前，人類以是否具有表面症狀對健康和疾病加以區分。馬斯洛並不贊同這樣的觀點，因而對健康心理進行了全新的探索。

透過自我實現的研究，我們不但能夠發現許多自身的錯誤與缺點，也能清楚地發現我們成長的方向。也許用不了多久，我們就能把完善成長和自我實現的人、潛能得到了充分發展的人、內在本性自由地表現自我而沒有被扭曲、壓抑或否定的人，都作為我們的榜樣。

每一個人為了他自己，都要認清這個嚴肅的問題——一切背離人類道德的事，一切違反人性的罪行，一切邪惡的行為，都毫無例外地記錄在我們的意識中，從而使我們自己看不起自己。為了更貼切地描述這種無意識的領悟和記憶，荷妮把這個稱為「註冊」。如果我們做了使自己羞愧的事情，它就會「登記」在我們的恥辱薄上；如果我們做了某種正直的、傑出的、美好的事情，它也會「登記」在我們的榮譽薄上。從整體而言，最終的結果非此即彼——或者是我們更尊重並認可自己，或者是我們更看不起、鄙視自己。

事實上，病態的文化造就病態的人；反之，健康的文化造就健康的人。病態的個體使他們的文化更加病態；健康的個體則使他們的文化更加健康。因此，造就更好社會的根本方法就是增進個體的健康。換言之，鼓勵個人的成長存在著現實的可能性；而治癒真正精神病患者的疾病，如果沒有外界的幫助，成功的可能性幾乎為零。個人有意識地努力使自己成為更有道德的人，這是比較容易的；個人試圖治癒自己的強迫行為和強迫觀念，則是十分困難的。

從不符合需求的意義上看待人格問題，這是對待人格問題的傳統態度。鬥爭、衝突、犯罪、不道德、壓抑、挫折、憂慮、緊張、羞愧、自卑感或無價值等，全都是精神痛苦的原因，它們不但妨礙行為的效能，同時還是不能控制的。因此，它們自然被視為病態的和不符合需求的，要盡可能迅速地「治」好。

可是，在健康的人或那些趨向健康成長的人身上，這些症狀都出現了。在這種情況下，你是應該感到內疚，還是不應該感到內疚呢？你是否設想一下，你是已經達到了精力的完善穩定，還是正在調整呢？順應和穩定減少你的痛苦，所以它們是好的；但它們也許是不好的，因為抑制了你發展更高的理想。

弗羅姆曾抨擊佛洛伊德的超我概念，他認為這個概念完全是專制主義和相對性質的。也就是說，你的良心或你的超我，被佛洛伊德想像成父母的希望、要求和理想的內化，而未考慮父母的為人。但是，假設他們是罪犯，那你會有什麼樣的良心呢？也許可以假設你有一位總是進行傳統道德說教而厭惡娛樂的父親？或假設你有一位心理變態的父親？這樣的良心是存在的。

我們獲得的理想資料大量來自早期塑造，而非日後閱讀全日制學校的書藉。但是，良心中有另一種成分——如果你願意的話，也可以說有另一種良心，我們或多或少地具有這種良心，這就是「內在的良心」。

內在良心建立在無意識或前意識地知覺自己的本性、命運、智慧、「召喚」的基礎之上。這種良心要我們忠於內在本性，不因為內在本性微弱或者其他理由而否定它。所有人都深深地領悟到自己對自己犯下的錯誤，因而看不起自己。

事實上，我們是在有意識地抵制我們對於健康和疾病的任意區分，至少涉及表現症狀是如此。疾病不一定意味著有表面症狀，我要強調的是，在你必須如此時，疾病可能沒有症狀。健康就意味著沒有症狀嗎？我無法苟同這樣的觀點。

概括地說，如果你告訴我你有人格問題，在對你有更深刻地了解之前，我絕不能確定該說「好」，還是該說「對不起」，這完全取決於理由，而這些理由可能是邪惡的，也可能是善良的。

什麼將被稱為人格問題呢？很顯然，這完全取決於說這話的人是誰。是奴隸主？獨裁者？專制的父親？顯而易見，有時人格問題可能是：一個人在竭力反抗他的心理支柱，或是反抗對他內在真實本性的壓制。因此，病態是指未對這種罪惡行徑提出抗議。令人遺憾的是，大多數人在受到這種壓制對待時並不表示反抗，他們接受它，並在以後的歲月中為此付出了昂貴的代價：產生各式各樣的神經系統疾病或精神病。也許一些人從來都沒有意識到自己是有病的，沒有意識到他們並未得到真正的幸福、真正擁有豐富的感情生活和安詳而充實的晚年；他們也沒有意識到自己並未理解創造性和美的反應，更沒有體會到得到令人激動的生活是多麼的奇妙。

在此，我們必須正視合乎需求的悲傷、痛苦的問題以及它們存在的必要性。在完全沒有悲傷、痛苦、混亂和不幸的情況下，有可能達到真正意義上的成長和自我實現嗎？如果這些悲傷和痛苦在某種程度上是必要的、無法避免的，這種程度的限度是什麼呢？如果悲傷和痛苦對於人的成長是必要的，我們就必須學會不去機械地保護人免受痛苦，拋棄痛苦始終是壞的觀念。從結果來看，悲傷和痛苦有時是好的、合乎需求的。溺愛意味著不讓人經歷悲傷，保護他不受痛苦。在一定的意義上，溺愛反而意味著不尊重個體的完善、內在本性和未來的發展。

引導生活的崇高目標

按語：

沒有目標的船，永遠不能成功地到達彼岸。溺水的人要先知道岸在哪裡，迷路的人要先辨別出方向，想要尋找快樂、追求成功的人要先知道自己的目標在哪裡。偉大的目標可以產生偉大的動力，偉大的動力導致偉大的行動，偉大的行動必然會成就偉大的事業。英國詩人華茲渥斯曾說：「切實保持高尚的目標，必能成就高尚的事業。」

每個人都應該將擁有良好人格作為人生的最高目標。良好的方法是一個人獲得不竭動力的保證，而剛毅頑強的精神，則作為一種向上的因素，使人的動機保持穩定並受到刺激。人必須有一個崇高的目標。

但是，對大多數人而言，生活就是在生命的海洋中「隨風漂流」，他們從未思考過這種生活方式究竟意味著什麼。需要清楚的是，漫無目的的生活是極其危險的，不想遭遇災難和毀滅的人應該立刻警醒，立即結束這種漫無目的的漂流。

生活中沒有固定目標的人，他的言行舉止很容易受到情緒的影響，即使是一件微不足道的小事，也會使他煩惱、恐懼、憂慮。他毫無承受力，就像一根脆弱的蘆葦一樣，任何風吹草動都足以將他摧毀。他做任何事總是左顧右盼，這樣不可能有堅強的毅力和頑強的鬥志，結果必然是失敗和不幸。

軟弱無能往往和生活沒有目標聯繫在一起。實踐出真知，鬥爭長才幹。只有確立一個切實可行的目標，並透過堅持不懈的努力，才能使自己變得越來越有力量，使自己逐漸成熟起來。

堅持目標是十分重要的。一個人即使不聰明，只要能做到鍥而不捨、持之以恆，同樣會取得傲人的成績。

莎士比亞曾說：「一棵質地堅硬的橡樹，使用一把小斧頭去砍，那斧頭雖小，但如果砍個不停，最終還是能把樹砍倒。」

迪斯雷利先生指出：「不向上看的人往往向下看，精神不能在空中翱翔，注定要匍匐在地。」

喬治·賀伯特極有見地地寫道：「即使是職業低下的人，如果把目標定得較高，他也可以成為一個高尚的人；不要讓意志消沉，一個壯志凌雲的人一定會比一個胸無大志的人更有出息。」

毋庸置疑，一個具有崇高生活目標的人會比一個沒有目標的人更有作為。有句蘇格蘭諺語說：「拉住金製長袍的人，或許可以得到一隻金袖子。」志向高遠的人所取得的成就必定遠離起點。即使你的目標尚未完全實現，但是，你為此付出的努力本身就會讓你終生受益。

合理的目標是創造的力量。如果你不想虛度此生，就應該從現在開始做起。如果你還沒有確定一個恰當的目標，請先按部就班地完成手邊的工作，即使這份工作是微不足道的。只有透過這樣的訓練方式，你才能逐漸地集中注意力，養成果敢的性格，擁有充沛的精力，為將來更高的目標打下堅實的基礎。

自由地選擇生活路線

按語：

人並不完全是被決定和被限定的，人可以決定他自己，無論是向環境屈服還是勇敢地面對它。換言之，人最終是自我決定的，人是自己命運的主人。

人不只是簡單地存在著，而總是決定自己的存在是什麼，以及將來會成為什麼。無論生存環境如何，我們總是保留了自由最後僅存的東西——在既定的環境中選擇個人態度的能力。

人是自己命運的主人。我們可以透過自由選擇來創造我們自己，我們也有能力選擇不同的行動路線。

但事實是，我們常常深陷於現實的例行要求和從眾的壓力，以至於看不見生活中的其他選擇，更談不上付諸行動。抱怨往往遠超過我們的行動，使我們更傾向於把注意力放在那些阻撓我們意圖的人身上。

「只要那個人沒有毀掉我的前程，我就……」

「只要我運氣好……」

「只要提供我展示才能的機會……」

「只要我能改變自己的習慣傾向，我就……」

「要是其他人也能像我一樣可靠、體貼……」

「要是我有機會碰見那個好人……」

「要是我具有多種經歷的優勢……」

「要是世界不變得競爭如此激烈……」

諸如此類的抱怨淹沒了我們的生活，它們與「我是我命運的主人」的觀點格格不入。

生活中，許多人認為「命運是自己的主人」，他們從未有足夠的機會按照自己的方式生活，因此，他們從未感受過自由，從未從容地將自己的命運之船沿著正確的航向前進。相反，他們經常覺得被人控制，不顧一切地防止命運的小船在生命的驚濤駭浪中傾覆。

人能夠自由地進行選擇。

那我們又是怎麼確定自己能夠自由地進行選擇呢？

正如我們前面說過的那樣，在早期發展的過程中，你能夠形成一種人格傾向，並在後來的發展過程中，根據個人目標對自己的人格進行再塑造。同樣地，如果在早期的發展過程中，形成了你不滿意的特質，如膽怯、害羞、悲觀、遲鈍、消極等，你會意識到這些特質並不會伴隨自己的一生，可以依靠自身力量重新塑造，使你成為自己滿意的人。這就是自由的本質，自由的選擇意味著要正視現存的環境，從有限的條件中作出選擇，努力按未來的目標塑造現在。

然而，自由並不意味著無限制的選擇自由——這種自由觀是一種幻想，是一種不切實際的觀點。自由並不是存在於真空之中，它包括了具體的選擇自由和有限的可能性。

但無論如何，人不完全是被決定和被限定的，人可以決定他自己，無論是向環境屈服還是勇敢地面對它。換言之，人最終是自我決定的。人不只是簡單地存在著，而總是決定他的存在是什麼，以及日後會成為什麼。無論我們的生存環境為何，我們總是保留了自由最後僅存的東西——在既定的環境中選擇個人態度的能力。

假使自由的力量能創造和改變人類的生活，你可能會合乎邏輯地認為，人類將會熱情地擁抱這個力量進行自由的選擇。不幸的是，人類往往不按這個邏輯行動。事實上，人類常常花費大量的時間，處心積慮地設法否定和逃避他們的自由。這是為什麼呢？答案很簡單：責任。當人類自由選擇的結果取得了成功時，他們通常會願意承擔自己的責任，但當結果是失敗時，他們就會想要逃避責任。

這種對責任的恐懼和逃避明顯地表現在生活各方面，你不妨想想你工作單位的情形。工作取得了成功，受讚揚和獎賞常常是上層的事，上層的大小官員自己舉杯慶賀，享受著成功的果實。雖然下層的人可能也值得分享榮譽、得到讚賞，但他們的作用經常被忽略、被遺忘。而在失敗的情況下，情況則恰恰相反，譴責和處罰的對象是下層的員工，最後，最底層的人將成為代罪羔羊。

社會中存在著一種日益明顯的傾向，即透過成為一位受害者來逃避責任。對許多人而言，成為這個「新的受害文化」的成員是很有吸引力的，因為這樣一來能使他們在道德上處於無辜者的有利地位，並避免為他們的行為承擔責任，還能透過法律制度獲得經濟上的賠償。

這一切都源於人類日益成長的權利意識：人類理所當然地認為自己應該有所作為，在經濟上富足，在事業上成功；若非如此，那就是受到了他人的傷害。人類確信自己不僅有「生活、自由和追求幸福」的權利，而且有得到幸福的權利。此外，人類認為自己有權逐漸增加「權利」的範圍——而不用承擔與這些權利相伴隨的責任。

造成這種局面的原因很簡單，因為人類把權利和責任分割開來。人類只注視著自己的權利，責任感日益萎縮，因此，若人類沒有得到自己想要的東西，往往認為是某人的錯誤。

從自身以外來解釋自己不幸的原因，當然有一定的誘惑性，但是，這種態度最終不僅無法取得任何結果，還會導致個人尊嚴、自尊和自由的喪失。相反，如果你能完全地承擔個人的責任，你就能透過自己作出的選擇，自由地塑造自己的命運。

擺脫虛假的自我

按語：

有時候，我們會不由自主地說「違心之論」，以避免對他人做出不必要的冒犯；穿戴我們並不喜歡和欣賞的流行服飾；從事我們別無選擇的工作。由於身處龐大的從眾壓力的環境之中，我們在世人面前不得不創造一個「虛假的自我」，如同一個演員扮演了一個與他的自然人格不一致的角色。馬斯洛指出，此時我們所面臨的挑戰是，如何遠離虛假的自我、走向真實的自我？換言之，你要如何成為一個有安全感、樂觀、有愛心、尊重他人、樂善好施、慷慨、移情、有創造性、成熟的人？

自我感要透過一生的努力才能得到強化。要培養穩定和綜合自我感，除了做到移情之外，形成個人的獨立感也至關重要。要想做一個成熟的批判思考者，移情和獨立這兩種特質必不可少。

兒童以及成人身處龐大的從眾壓力的環境之中，這種壓力時而隱蔽，時而明顯，卻始終存在。如果一個人我行我素、不從眾，勢必將為此付出昂貴的代價：如果一名兒童不從眾，就會面臨被社會排斥、失去愛、責怪、懲罰的危險；如果一個成人不從眾，就會與他人關係緊張，受到社會的譴責，影響自己的職業生涯。

但是，從眾行為付出的代價不會比不從眾少，特別是在從眾意味著按照與你的「真實自我」相衝突的方式行動的時候，情況則更是如此。在這種情況下，你在世人面前不得不創造一個「虛假的自我」，如同一個演員扮演一個與他自然人格不一致的角色。從某種程度而言，每個人都會出現這種情況，毋庸置疑，這是因為生活中不同的人要求你扮演不同的「角色」而造成的。有時候，我們會不由自主地說「違心之論」，以避免對他人不必要的冒犯；穿戴我們並不喜歡和欣賞的流行服飾；從事我們別無選擇的工作。在與此相似的情況下，如果內在的自我是軟弱的，在外部要求與壓力之下會感到畏懼，那就極有可能失去真正的自我；反之，如果內在的自我是堅強的，就會作出符合自己願望和思想的真正選擇，而不使真實的自我受到傷害。

對個人而言，這種現象所引發的後果是災難性的，因為你總是從外部尋求怎樣思考、怎樣感覺以及怎樣行動的提示，因此，你會漸漸地沒有安全感，沒有正確的自我判斷力，凡事依賴他人，沒有他人的指點和同意你就不知所措，感到內心很脆弱。在這種情況下，你展示給外界的是經過精心偽裝的自我，而非真正的自我。若沒有真正的自我來指導你的選擇，並把它建立在被愛的基礎上，你就不可能與他人建立成熟的感情，或能夠互相移情的關係。建立在虛假自我基礎上的關係僅僅是虛假的關係，這樣的關係只能流於表面，而且極不穩定。

當然，每個人在真實的自我和虛假的自我問題上，也並不是非此即彼。事實上，所有人都處於兩個極端——軟弱的、沒有安全感的、分裂的、完全

「虛假的」自我和強大的、有活力的、有安全感的、「真實的」自我——之間的某一點。在特定的時間和場合，你可能會發現自己處於這兩個極端之間的不同地方。但是，無論身處何方，面臨的挑戰都是一樣的，即你怎該如何遠離虛假的自我而走向真實的自我？換言之，你要如何成為一個有安全感、樂觀、有愛心、尊重他人、樂善好施、慷慨、移情、有創造性、成熟的人？

增強自信的生存需求

按語：

關於自信，馬斯洛指出，滿足自尊需求能增強人的自信，使人覺得自己是一個有價值、有能力和有力量的人，在這個世界上有用處，位置重要而不可少。這一需求一旦受到挫折，就會產生自卑、弱小以及無能的感覺。這些感覺會使人喪失基本的信心，使人要求補償或產生精神病的傾向。從對嚴重的創傷性精神病的研究，我們不難明白基本自信的必要性，並了解到沒有這種自信的人會產生多大的無助感。

社會上大部分的人——除少數病態的人外——都需要一種穩定牢固的高度評價，有一種對於自尊、自重和來自他人的尊重的需求。這種需求可以分為兩類：

第一類，對於實力、成就、適當、優勢、勝任、面對世界的自信、獨立和自由等欲望。

第二類，對於名譽或威信——來自他人對自己的尊敬或尊重——的欲望，對於地位、榮譽、聲望、支配、公認、重要性、高貴和讚賞等欲望。

滿足自尊需求能增強人的自信，使人覺得自己是一個有價值、有能力和有力量的人，在這個世界上有用處，位置重要而不可少。這一需求一旦受到挫折，就會產生自卑、弱小以及無能的感覺。這些感覺會使人喪失基本的信心，使人要求補償或產生精神病的傾向。從對嚴重的創傷性精神病的研究，我們不難明白基本自信的必要性，並了解到沒有這種自信的人會有多大的無助感。

從神學研究者關於驕傲和傲慢的討論，從弗羅姆關於一個人對自己性質的虛假的自我知覺的理論，從羅哲斯關於自我的研究，以及其他隨筆作者那裡，我們越來越認識到自尊來自他人的看法，而不是基於真正的能力以及對任務的真正勝任，因為它們並不牢固。最穩定、最健康的自尊建立在他人的尊敬之上，而非建立在外在的聲望以及違心的奉承之上。即使在這裡，將憑藉單純的意志力量、決心和責任感所取得的實際勝利情況和成就，與憑藉人的天性、水準、遺傳基因或天賦——或者如荷妮所說，依靠人的真實自我而不是理想化虛假自我——自然、輕鬆取得的成就區分開來是很有必要的。

做應該做的事

按語：

馬斯洛指出，知識給我們帶來明確的決斷、行動和抉擇的能力，使我們知道該做什麼。如外科醫生或牙科醫師的處情。外科醫生剖開病人的肚子，找到發炎的闌尾，他知道最好把它割掉，否則病人會有生命危險；牙科醫師察看了病人的牙齒，發現了蛀牙，他知道最好把它修補好或拔掉，否則它會令病人疼痛不已。這些例子說明了真理命令必要行動，「是」命令「應該」。充分的知識引導正確的行動，倘若沒有充分的知識，就不可能有正確的行動。

下面，我們將引用韋特墨的一段話作為研究事實的向量性質問題的開始。

什麼是結構？七加七等於幾？這種情況是一個帶有缺口的系統，可以以任何方式填滿缺口。一種填法——十四，就它在整體中的作用而言，它是符合情境的，是適合缺口的，是這一系統在結構上所需要的，它恰當地處理了這一情境。另一種填法——十五以及類似的填法則不適合，因為它們不是正確的填法，是隨意的、盲目的，或者說它們破壞了缺口在這一結構中所起的作用。

在此，我們有了「系統」的概念、「缺口」的概念，不同「填空」、情境需求的概念；有「需求性」。

如果一條數學曲線有個缺口，情況也類似。要填滿缺口，從曲線的結構看，往往有一定的限定條件，某一填補對於結構是恰當的、明智的、正確的，其他則不符合要求。這和內在必要性的老概念是有聯繫的。不僅是邏輯運算、結論等，舉凡發生的事情、主體的作為、存在的情況等，都能在這樣的意義上成為合理的或不合理的、符合邏輯的和不符合邏輯的、正確的和不正確的。

我們可以制定一個公式：給定一個情境，或一個帶有空位的系統，某一填空是否正確，往往取決於這一系統或情境的結構。這裡存在著一些需求，在結構上決定的需求，存在著純理論的、明確判別的可能性，能分辨哪一種填空適合這一情境，而哪一種不適合、哪一種違背了這一情境的需求……這裡坐著一個飢餓的兒童，那邊有一個男人在蓋房子，卻缺少一塊磚。我一隻手拿著麵包，一隻手拿著磚塊。我把香氣四溢的麵包遞給了那個男人，把磚遞給了飢餓的兒童。這裡有兩種情境或兩個系統，對於填空作用而言，我的分配是盲目的。

接著，韋特墨在註腳中說：

在此，我不能討論這樣的問題——如闡明「需求」概念等。我只能說，通常對「是」和「應該」的簡單分割必須加以改正。這樣一種秩序的「決定」和「需求」是客觀的性質。

《格式塔心理學文獻》一書的大多數作者也有類似的論述。事實上，格式塔心理學的全部文獻都證明：事實是動態而非靜態的；事實不是無向量的——不僅有數量，而且是有向量的——既有事實，又有方向。在海德、勒溫、戈爾德斯坦和阿希的著作中甚至能找到更有力的例證。

事實並不僅僅是躺在那裡，它在做各式各樣的事情。它自行分類；它完成自身，一個未完成的系列「要求」一個美好的完成。牆上捲曲的畫需要弄得平展；未完成的課題總是不斷打擾我們，直到我們完成為止。糟糕的格式塔會使自己成為較完善的格式塔，不必要的複雜印象或記憶使自己簡單化。音樂的和諧要求正確的和弦才能達到完美；不完善的趨向完善。一個未解決的問題堅持不懈地指向它的解決方案。我們總是說「情境的邏輯要求……」。事實是有權威的，有要求的品格，它需要我們；事實可以說「是」或「否」，它引導我們，向我們提出建議，表示下一步該做什麼，並引導我們沿著某一方向而不是反方向前進。建築專家談論地基的重要性；畫家會說那塊油畫布「要求」多用些黃顏色；服裝設計師會說他設計的服裝需要搭配一種特別的帽子；啤酒和漢堡配比和羅克福乾酪配更好；或像一些人說的，啤酒「喜歡」乳酪勝過另一種。

戈爾德斯坦的著作特別證明生物機體的「應該」。一個受損傷的機體不滿足於它的現狀，不安於受損，它努力著、敦促著、推動著；為了重新使自己成為一個完整的統一體而不斷和自身作戰。喪失某一能力的統一體力爭成為一個新型的統一體，使已經喪失的能力不再危害它的統一。它管理自己，製造自己，再造自己，它是主動的而不是被動的。換言之，格式塔和機體論心理學家不僅有「是」的洞察，而且有「向量」的洞察，不像行為主義認為的，生物體僅僅是被「做成」那樣，而非自己也在「做著」、「要求著」。如此一來，弗羅姆、荷妮、阿德勒也可以說有「是」和「應該」的洞察。

馬斯洛始終認為，事實往往有這類動力特徵、向量的性質，恰恰落入「價值」一詞的語義範圍。至少，它在事實和價值的二歧鴻溝上架起了橋梁，這種二歧之分已被大多數科學家和哲學家循慣例而不假思索地認為是科學自身的規定性特徵。許多人認為科學在道德上和倫理上是中性的，不用特別注意目的。就這樣，他們為一個不可避免的後果敞開了大門，即是說，假設目的必須來自某處，又假設目的不能來自知識，它便只能來自知識以外的某個地方。

「事實性」創造了「應該性」。這一點透過一些易懂的階段引導到一個更廣的概括，事實的「事實程度」、它們「事實的」性質的增強同時也引導到這些事實「應該的」性質的增強。也可以說，事實程度產生應該程度。

應該由事實創造。某物被了解或認識得越清楚，某物也變得越真實、越不會被誤解，它也會獲得更多的應該性質。某物變得越「是」，它就變得越「應該」——獲得更高的需求度，更自發地「要求」特殊行動。某物被理解得越清楚，就變得越「應該」，變成行動的更佳嚮導。

從實質角度來說，當一樣事物十分明確、十分肯定、十分真實、毫無疑義時，它就會在自身內部提出自己的需求、品格和適應性。它「要求」某些行動的嚮導，引向最堅決行動的、最容易理解和最好的嚮導就是明確的事實；事實越真確，它也越是行動的好嚮導。

為了更好地說明這一點，我們可以利用下面這個例子。大多數青年精神病醫師在診斷中總是猶豫不決和搖擺不定，對患者寬容、敏感和下不了決心，他們不能肯定那是怎麼回事。當他們參照其他診療意見和一連串相印證的檢測，又假如這完全符合他們自己的觀察並做過反覆核實時，他們會變得十分肯定，比如，確診患者心理變態；於是，他們的行為以一種非常重要的方式向肯定改變，向堅決和有把握改變，變得確切知道該做些什麼，以及什麼時候和如何去做。這種確定感武裝了他們，使他們敢於反對患者家屬的不同意見和對立看法，反對其他不同想法的人。由於他們沒有懷疑，故他們能排除對立徑直行事。換言之，他們理解了問題的真相。在這一認知的作用下，他們能夠不顧可能加之於患者的痛苦，不顧患者的眼淚、抗議、敵意，毫不猶豫地破浪前進。只要相信自己，便不再惜力。診斷的確定意味著治療的確定，肯定的知識意味著肯定的倫理決斷。

知識給我們帶來明確的決斷、行動和抉擇的能力，使我們知道該做什麼。這非常像外科醫生或牙科醫師所處的情境。外科醫生剖開病人的肚子，找到發炎的闌尾，他知道最好把它割掉，否則病人會有生命危險；牙科醫師察看了病人的牙齒，發現了蛀牙，他知道最好把它修補好或拔掉，否則它會令病人疼痛不已。這些例子說明了真理命令必要行動，「是」命令「應該」。

這一切都與蘇格拉底的觀念有聯繫，蘇格拉底認為，沒有人會自願地選擇虛假、拋棄可能。不僅如此，傑弗遜所有的民主論都以此信念為依據：豐富的知識引導正確的行動，倘若沒有豐富的知識，就不可能有正確的行動。

第五章 創造美好的人生境界

每個人都有與生俱來的需求，渴望經歷更高的價值。作為高級生命體的人類，不應只是達到基本生存的需求，還應創造美好的人生境界，不斷滿足人性的需求。

人性如何豐富

按語：

人性豐富者具有真、善、美、完善、完整、活潑、獨特、歡娛、自足等特徵，可以想像，具有這些特徵的人該是多麼完美。人要如何向豐富人性發展呢？馬斯洛為我們提供了寶貴的指導：要幫助一個人向豐富人性發展，最重要的是讓他認識到自己是什麼？意識到作為人類一員在生物學上、體質上是怎樣的？意識到自己的能力、願望、需求為何？也意識到自己的使命，自己適合做什麼，自己的命運是怎樣的？

人性豐富者具有如下幾個特徵：

真：真實；誠實；坦率；本分；豐富；本質；未摻假的完全。

善：善良；廣泛；獨一無二。

美：美好；潔淨。

完善：沒有什麼是多餘的，也不缺少任何東西；一切都在合適的位置上，毋須改善；恰當；正當，完全；正是如此；適宜；不可超越。

完整：統一；整合；傾向單一；相互聯繫；組織；結構；不分離；協調；同法則相結合的傾向。

活潑：生機盎然；過程；自發；自我調整；充分運轉；改變著又保持原樣；表現自身。

獨特：新穎；獨具色彩；有別於他人的特徵；不能類比；可感受到的特性；就是那樣；不像其他東西。

必須：逃脫不掉的；保持一致，不能有一絲不同；那樣就很好。

完成：結局、結束、符合規定；事情宣告結束；格式塔不再改變；目的實現；終點、末端；全體；沒有缺點；命運的實現；頂點；終止；圓滿封閉；生活還沒開始，生命的結束。

二元超越：承認、堅決、二元、兩極、矛盾的整合或超越；協調，即對立轉化為統一，敵對轉化為相互合作。

秩序：合法；正確；完善安排。

公道：公正合理；適宜；應該；只有；成體系的性質；不能脫離；不偏袒；無偏私。

豐富：錯綜；複雜；分化；全體；都在眼前；無缺失或隱藏；什麼都是重點部分，沒有非重點；一切順其自然，毋須簡化、重新安排。

單純：專一；純真且稍有無知；基本結構；問題的中心；不拐彎抹角；無修飾；沒有多餘的東西。

不費力：容易、不慌亂、輕輕鬆鬆地完成。

歡娛：有趣；歡樂；高興；玩笑；幽默；生氣勃勃。

自足：獨立性強；不需要別人或別的工具；超越環境；務實；依據自己的法則生活。

毫無疑問，如果誰具有了上述這些特徵，他就是具有豐富人性的人。問題是，人該如何向豐富人性成長呢？

我們可以從心理、哲學、教育、精神方面的轉移傾向中獲得某些好處。這一轉移鼓勵了對生物基礎和體質基礎的正確理解。在任何關於同一性或真實自我、成長、揭示療法、豐富人性或人性萎縮、自我超越或其他相關問題的討論中，都無可避免地要涉及到人潛在的生物因素和體質因素。

換言之，要幫助一個人向豐富人性發展，就必須透過他對自身同一性等的認識。最重要的是，要認識到自己是什麼？意識到作為人類一員在生物學上、體質上是怎樣的？意識到自己的能力、願望、需求為何？也意識到自己的使命，自己適合做什麼，自己的命運是怎樣的？

毋庸置疑，對自覺至關重要的方面是，關於對個人內部的生物學的現象認識，關於「似本能」的本性、關於個人動物本性和種性的認識。這是精神分析所要努力的事情，即幫助一個人意識到自身的動物衝動、需求、愛好、緊張、憂鬱、焦慮，同時也是個人對於「真正是什麼」的一種主觀意識判斷。如果一個人首先不是自己的身體、自己的體質、自己的機能、自己的種性，他又能真正是什麼呢？

塑造良好的品格

按語：

良好的品格不會自發形成，須經過一番努力，不斷自我審視、自我節制和自我約束。在這一過程中，可能會有許多躊躇，也可能會遇到羈絆和暫時性的失敗；有許多困難和誘惑需要抵制和克服。但只要有堅強的意志和正直的心地，就一定會得到回報，使我們的品格得到昇華。

每個人都有自己獨特的個性、品格。

品格，是人在各式各樣的環境中，在個人或多或少的調節和控制下形成的。

品格即良心。人把自己的良心置於自己的工作、言語和每一個行動之中，而每一次行動、每一種思想和感情，都可以歸因於人所接受的教養、習慣和本身的理解力，它們必然會對他生命歷程的所有行動產生影響。因此，人的個性總是不斷地變化，它可以透過改進變得更好，也可能因墮落而變得更壞。

生活的意義，除了要誠實之外，還必須受到正確原則的啟發，必須堅持正道，不懈地追求真理、正直和忠誠。陶冶出美好的心靈和情操。才能使生命有價值。

人是有力量的。即使在同一個環境中，有些人三心二意，總是力不從心，只能生活在廢墟中；有些人持之以恆，建成理想的大廈。一塊巨石可能成為弱者生活中的絆腳石，也可能成為強者繼續前進的墊腳石。透過自由意志的選擇，在不同的原則指導下，人可以把自己的行為引向邪惡，也可以把自己導向善行。

由高尚情操激發出充沛精力的人，他的行動受正直的品格和生活的責任等原則制約。無論是商務活動還是政治活動，無論是集體活動還是家庭活動，他都是公平、正直的。面對任何事情，他都誠實守信，對待反對者，他也會像對待比自己弱小的人一樣寬厚仁慈。

然而，良好的品格不會自發形成，需要經過一番努力，要不斷地自我審視、自我節制和自我約束。在這一過程中，可能會有許多躊躇，也可能會遇到羈絆和暫時性的失敗；有許多困難和誘惑要抵制和克服。但是，只要有堅強的意志和正直的心地，就一定會得到回報，使我們的品格得到昇華。

榜樣的力量往往會對品格的形成產生巨大影響。在榜樣的指引下，每個人都是無可非議的，而且在盡職盡責方面也會使品格上升到一個新的高度：他在智力上也許不是最好的，但在德行上卻是最好的；他在物質方面可能並不富有，但在精神方面卻是最富有的；他在社會地位上可能並不高，但在榮譽上卻是最崇高的；他可能不是最有權勢和影響力的人，但他卻是最誠實、最正直、最守信的人。

品格要透過原則、正直和實際才智的引導，以及鼓勵下的行動來展現。它是最高形式，是在宗教、道德和理性的影響下表現出來的個人意志。它經過謹慎考慮來選擇自己的行為方式，然後堅定不移地去實現自己的目標，它尊重職責不著重考慮聲譽，它遵從良心的壓力高於對世俗榮譽的追求。它在尊重別人人格的同時，保持自己的個性和獨立。雖然在道義上的誠實可能並不前衛，它卻有勇氣這樣做，把這些交給時間和經驗去檢驗。

榜樣的影響是巨大的，但個人精神的自我創造力和堅持不懈地努力卻是更為根本的。僅僅靠後者就足以支撐生活，給予個體獨立和力量。沒有一種一定程度的、由作為品格根基的意志和作為品格主幹的智慧組成實際有效的力量，生活就是漂泊不定、漫無目的的，彷彿一潭死水，無法急流奔騰。

當性格的各種要素受到崇高目標的影響，透過一定的意志發生作用時，人便開始投身於自己的職責之中，無論付出了多少世俗的代價，也會不屈不撓、堅持不懈，可以說，達到了人之所以為人的最高價值。向其他人展示自己英勇無畏的性格，體現了果敢堅毅的信念。良好的品格創造了人性的崇高境界。

接受他人的個性

按語：

一個人不會因為水的溼滑、岩石的堅硬、樹的翠綠而抱怨它們；兒童睜大了眼睛，用毫不挑剔、純真無邪的眼光來看待世界，他們注意的只是事實的真相，對它並無爭論或要求；自我實現者也以同樣的方式看待自己與他人的人性。清楚地了解自己，也善於接受他人的個性，這樣的人一定可以在向著個性豐富的道路上健康成長。

自我實現者相對不受令人難以抬頭的罪惡感、使人嚴重自卑的羞恥心以及強烈焦慮的影響。他們能夠保持一個人在接受自然的特性時所擁有的那種毫不置疑的態度，來接受脆弱、過失、弱點以及人性的罪惡面。一個人不會因為水的溼滑、岩石的堅硬、樹的翠綠而抱怨它們；兒童睜大了眼睛，用毫不挑剔、純真無邪的眼光來看待世界，他們注意的只是事實的真相，對它並無爭論或要求；自我實現者也以同樣的方式看待自己和他人的人性。

對於自我實現者而言，他們看見的是人性的本來面目，而不是他們希望的人性。他們的眼睛並不為各種有色眼鏡所累，從而改變、扭曲或者粉飾所見事實的真相。

自我實現者傾向於接受自然的作用，不因自然的作用不合意而憤憤不平。普通人（特別是精神官能症患者）常有的反感、厭惡，在自我實現者中是極其少見的，他們較少挑食、厭惡身體的產物、身體的氣味以及功能等。這就是他們傾向於接受自然產物的表現。

自我接受與接受他人是密切相關的，主要體現在兩個地方：他們沒有防禦性，沒有保護色或偽裝；他們厭惡他人身上的假話、詭計、虛偽、玩弄花招、裝腔作勢、以庸俗的手法譁眾取寵等做作的行為，這一切在他們身上是極為罕見的。

尊重他人的人格，肯定他人的個性，衷心希望他人能夠健康成長，這是人類交往中一個很重要的前提。在愛情關係中更是如此。自我實現的人都為伴侶的勝利感到高興，而不是覺得受到了這種勝利的威脅。他們總是以一種意味深長的、深刻而基本的方式尊重自己的伴侶。奧佛斯特里特說得好：「對一個人的愛意味著對對方的肯定而非占有，意味著愉快地授予他充分表達自己獨一無二的人性。」這方面有一個感人的例子，一個人對他妻子的成就感到自豪，即使這些成就已遠遠超過了自己。另一個例子，就是不嫉妒。我們在健康的人身上看到的愛情，是用自發的欽慕來描述的，這是一種不求回報的敬畏和欣喜。

我們可以欣賞一幅繪畫，但不想去擁有它；我們可以欣賞一朵玫瑰，但不想去採摘它；我們可以欣賞一隻小鳥，但不想把牠關進籠子中。同樣地，一個人也可以用一種別無所求的方式羨慕和欣賞另一個人，尤其是那些不太沉溺自我的人。

對他人的尊重意味著對他人獨立存在的承認。在愛情關係中也是如此。自我實現者不會利用和控制他人，不會忽視他人的期望，他們願意給予他人基本的、不能減少的尊嚴，不會無端地侮辱他人。這一點不僅適用於他們與成人的關係，也適用於他們與小孩的關係。他們會真正地尊重小孩子，而大多數人很難做到這一點。

當這種尊重關係表現在兩性之間時，則經常出現一種相反的情況，雙方好像缺乏尊重，這是一種非常有趣的現象。

舉例來說，我們都清楚地知道，大量所謂尊重女性的宣傳口號和標誌，事實上都是過去遺留下來的不尊重女性的表現，也可能是無意地表現了對女性的蔑視。當一位女士進屋時，男人總是請她先入座，幫她掛好外套，給她最好的東西，一切東西都讓她先挑選。從歷史和動力學角度來看，此刻所表現出來的這些文化習慣都隱含著一個觀點——即女人是弱者，她們無力照顧自己，這一切看似保護的行為，就像對智能不足的人和弱者的保護一樣。總的來說，具有自尊心的女性對這類尊重的標誌往往是反感的。自我實現的男人真正地並且從根本上而言傾向於把女人看作伴侶，看成是與自己相同的、完完全全的人，看成是和自己平起平坐而非比自己次一等的人，並在這些基礎上尊重和喜歡她們。從傳統的意義上看，自我實現者顯得要從容得多、隨意得多，不會過分拘泥於禮節、客套。當然，這一點也很容易引起誤解，自我實現的人經常被指責不尊重女性。

總之，清楚地了解自己，也善於接受他人的個性，這樣的人一定可以在向著個性豐富的道路上健康成長。

永遠追求創新

按語：

馬斯洛對創造性的概念提出了獨到的看法。馬斯洛認為，每個人天生都有潛在創造性的本能。雖然這種本能非常微弱，極易受到外在環境的扭曲與扼殺。人的創造性首先來自並體現於人格上，而非體現於創造性所取得的成就上。成就僅是伴隨人格產生的副現象，相對於人格而言，成就是第二順位的東西。有助於實現創造性的人格——如勇氣、自由、自發性、整合、自我認可的能力等——是更重要的。

馬斯洛對創造性的界定從下列幾個方面進行：首先是創造性活動所適用的領域；其次是自我實現的人在創造性活動中與兒童的相似性；三是自我實現者的整合能力，對各種矛盾、各種衝突的整合能力；四是進行創造性活動時的心理狀態。

（一）創造性所適用的領域

馬斯洛首先糾正了人類心中常出現的兩種偏見。自我實現的人是真正健康的人，他們應該說是有創造性的。根據對他們的研究，馬斯洛對下列兩種偏見進行了批駁。

第一種偏見即是：有創造力並且健康的人一定是多產的，他們的才思源源不斷，無窮無盡，創造力、天才的健康一定會出現在同一個人身上。但事實上，自我實現的人有創造力，但是並不多產，或者說不像人類通常想像得那樣多產，他們也不一定具有完全的心理健康和生理健康。這裡可以舉出幾位眾所周知的人類天才作為例證。比如梵谷、華格納，這兩位的心理明顯不夠健康，但他們能夠創造出偉大的藝術作品，讓世人嘆為觀止。他們傑出的才能或許已經超出了現今對人類了解的科學範圍，來源於某些奇妙的東西。

第二類偏見是大多數人都有的，即：任何作曲家、詩人、畫家，他們的生活必然是充滿創造性的，只有這種人才會具有創造性。更進一步地說，只有做出某種成形的東西（比如愛迪生的電燈，瓦特的蒸汽機），形成一種看得見、摸得著的東西，才能說這個人有創造性。若僅僅是一個想法，那就不叫創造性。

對於以上兩種偏見，馬斯洛提出下述意見：

首先，馬斯洛認為，創造性是人格的一種副產品，是指創造性地做每件事情的一種傾向。即便是管理家務、烹飪飯菜這種似乎與創造性無關的東西，也可能體現出一個人傑出的創造性。這種創造性包含在一個人的行為、思維方式之中，包含在他的一舉一動之中。他每做一件事，都會與普通人不同，他的思維方式總是能比別人高出一籌，思路開闊、不落窠臼。

馬斯洛舉了一些例子來說明他的觀點。

第一位是一位精神治療醫生。這位醫生沒有發表過作品，沒寫過論文，沒創造出任何理論。但是他熱愛自己的工作，他把每一位患者都看成一個獨特的個體，對待每一個病例都能夠深入分析，不照搬傳統的做法。他極少先入為主，極少自以為是。他用全新的方式解決全新的問題，針對某一個具體問題，他會因地制宜地採取相應的治療辦法，許多困難的病例也難不倒他。在這裡，馬斯洛認為，應當稱他是有創造性的。因為他不守陳規，大膽創新，活學活用自己的醫術，將問題具體分析，而不用死板的觀念與限制來約束自己。所以他是一個富有創造性的人。

第二位是一位家庭主婦。她沒有受過教育，從小到大都在村子裡過著貧窮的生活。她整天只是做飯、帶孩子、洗衣服、操持家務。就一般人的看法而言，她的生活實在沒什麼創造性可言，但實際上不是這樣。她雖然沒有受過專業的廚師訓練，但烹飪技術一流，抵得上飯店裡的主廚。即便是蘿蔔白菜這種稀鬆平常的菜餚，她也能讓家人吃得津津有味。家裡雖然沒有什麼藝術品，但她能把簡單的家具擺設得錯落有致，能把一些瓶瓶罐罐組合起來，讓人覺得比古董還有韻味；她用一些碎布給孩子做玩具，讓孩子愛不釋手，比商店櫥窗裡的洋娃娃還有吸引力。總之，她在生活各個領域都能做到新穎獨特、出人意料，富有神奇的創造力。

創造性並不僅是書畫、雕刻所包含的東西。在馬斯洛看來，一頓可口的飯菜遠比一幅彆腳的臨摹畫更富有創造力。

同樣地，一場精彩的球賽可能是球員創造性的展示，交談中的妙語也是對方創造性的體現。一位優秀的裁縫，一位出色的工人，都可能在工作中表現出不俗的創造性。根植於土地上的農民也有極豐富的創造性，雖然一字不識，他們卻有深刻的智慧。而一個拙劣的演員，一個只會臨摹的畫家，也可能毫無創造性可言。所有的工作，所有的領域，都可以既有創造性，又可以沒有創造性，絕不僅限於人類通常認知的領域。

自我實現者的創造性是普通人所共有的創造性，它不同於那些出類拔萃的天才所具有的創造性。自我實現者的創造性是由人格所塑造的，廣泛地表現在生活各方面。他們的創造性是一種深刻的洞察力，能看到未加工的、具體的、個別的生活層面，他們經常生活在自然的真實世界，而不是一個概念化、信仰化、刻板化的世界。換言之，他們生活在自己親眼看到、親耳聽到的世界中，而不是從書上、電影中、報刊雜誌的宣傳中形成自己對整個外在世界的印象。

自我實現者的創造性的本質是一種勇氣與自信，他們不怕別人嘲笑，能夠自由地表達自己的想法而沒有任何顧慮；他們很少自我批判，能完全接受自己。這種無拘無束的思考方式促進了他們發揮創造性。

（二）自我實現者與兒童的相似性

自我實現者的創造性與兒童的創造性有許多相似的特徵。幼小的兒童不知道什麼是文化禁忌，也不懂什麼是社會習俗，他們有什麼說什麼，想到什麼就做什麼。幾乎所有的兒童在受到鼓勵、讚揚的前提下，都能毫不費力地創作一幅畫、一首歌、一支舞蹈，甚至是遊戲。同一塊積木，握在他們手裡，一會兒是飛機，一會兒又變成了小船，眨眼間又成了駿馬，甚至可能變成大砲，他們天才般的想像力幾乎讓成年人自嘆不如。

兒童可以無拘無束地表現他們天生的創造性，自我實現者在一定程度上也是這樣。雖然他們大都年逾花甲，但他們都保留了一份孩子般的天真，即「第二次天真」。這主要表現在兩個方面：

第一是他們「對經驗虛懷若谷」，即是說他們不囿於以往的成見，不被權威的說法、廣告的勸說影響，他們相信自己的親身經歷。拿過一杯酒，對它味道的評價只有在自己品嘗後才會做出，他們不會單純因為別人誇獎過這種酒或酒的牌子而對它做出評價。對於社會大眾爭相討論的焦點，自我實現的人不會只聽從各家新聞媒體和權威專家的說法，他們會從原始的資料出發，分析現實問題，形成自己獨立的觀點。

第二是他們傾向於自發地表現自己，在自發的表現過程中顯現創造性，這一點同樣可以從兒童那裡得到啟發。健康的孩子有天生的表現欲，希望引起大人的注意，希望得到別人的稱讚和鼓勵。孩子不會顧慮別人會怎麼想，不會顧忌別人的嘲諷與不解，他們只是無憂無慮地表達自己。凡是跟孩子相處過的人都會發現這一點，自我實現者在這點上跟健康的孩子極為相似。

另外，自我實現者有一個明顯不同於普通人的創造性發展的特徵。相對而言，他們對那些未知的、神祕的、讓人困惑不解的東西並不害怕。非但不害怕，他們對這種事物還有某種探索欲，會主動地去研究它。

對於求知事物，強迫症患者會不惜代價地將它歸入條理，但自我實現的人不會。他們不再逃避它，不去假裝它是已知的，也不會不合時宜地把它分類組織。自我實現者並不依賴熟悉的事物，明確、有條理、確定而保險對他們而言也不是不可或缺的。即便生活充滿了稀奇古怪的事物，他們照樣能酣然入睡。來到一個陌生的地方、面對陌生的人，他們會表現出友好和探索，而不是惶恐不安。不確定性對他們而言是挑戰而不是苦惱。

（三）創造性的整合

在此，馬斯洛還提出一個概念，那就是整合——二歧的整合。通俗來說，即是統一兩個對立的、極端的能力，統一矛盾與衝突的能力。自我實現者都具有這種奇特的整合能力，就像當年對於光的性質的爭論：有些人認為光的本質是一種波，有些人則堅持光的本質是粒子。愛因斯坦基於這個爭論，從統一的角度出發，提出波粒二象性理論，認為光既可以是粒子，又可以是波。兩者雖然是對立的，但同時也可以統一在一起。

在普通人看來，責任很多時候是一種非自願的東西，責任和願望經常發生衝突。但在自我實現者身上，責任、義務和個人意願是統一的，兩者不再難以區分。工作和娛樂此時也變得難以區分，他們能夠在工作中體會很大的快樂，工作已經變成了一種享受，不再是煩人的任務。他們不會為如何在繁忙的工作之外抽出時間來娛樂而煩惱。

利他此時變成了利己，生活呈現出一種接近於理想的狀態。自我實現者有著強烈的自我與個性，但在處理問題時，又容易超越自我，與社會合為一體，結果變得最沒有個性。偉大的理論家也具有這個特點，他們把對立的、讓人困惑的事實組合到一起，我們會發現這原來是統一的，就像馬克思的矛盾統一原理，矛盾的事情在原來本質上都可以統一。

偉大的畫家把一些原本極不協調的色彩和形式放到一起，就有可能做出一幅完美的作品，同樣地，偉大的政治家能使兩個敵對的國家化干戈為玉帛，偉大的哲學家、發明家能從貌似絕對對立的東西中找出當中的相同之處，他們所具有的便是把世間萬物整合起來的能力。仔細觀察各個領域出類拔萃的人物，我們都會發現這個特徵。

自我實現者的創造力來自於對自身內部衝突的整合能力。在普通人身上通常存在的那種固有天賦與防禦力量之間的衝突，在他們身上已經得到了解決。

一個人同時有好幾副面孔，在現實生活中適應良好的人，往往會為了現實世界而壓抑心中蘊藏的天賦人性。這樣雖然會變得富於理性和條理，辦事俐落，卻壓抑了內心深處的快樂、愛等感情的發揮，同時還壓抑了創造性的發揮。如果這種情況走向極端，此人便會變得平庸、封閉、拘束、僵硬，不會笑，不會快樂，失去想像力，失去感情生活——總歸一句，他將了無生趣。

自我實現者彷彿達到了理想狀態，他們可以毫無拘束地歡笑，不怕別人說什麼，不怕別人的嘲笑，不怕別人的抵制，即便他們的想法看起來古怪、異想天開、不可思議，他們也不怕表露，對內心深處的自我表示欣賞與贊同，同時，他們也不怕自身的欲望與衝動，能將其與外在的世界健康地統一。他們認為內心深處的善和惡都是天性所有，不會為了強調自己的優點而去掩飾、漠視自己的缺點。他們認可內心深處的自我，不會自我欺騙，這些都有助於他們發揮天生的創造性。

馬斯洛對創造性做出了一個自己的分類，並給出兩個名詞——「原初的創造性」和「整合的創造性」，對這個概念的理解有助於我們理解創造性。

「原初的創造性」常指一種靈感，許多人曾有過靈感的衝動，比方說面對美景時寫詩的衝動，聽到某一傳奇故事時想把它寫下來的衝動，想創造性地做點什麼事的衝動。靈感是非常多的，許多人都會有，但離真正做出成果尚有一段距離。靈感往往是自發的、直覺的、大膽的想像，它距離現實的存在還很遙遠。許多人面對良辰美景時，經常有一肚子感情要抒發，都會想：要是我能吟詩作畫，那該有多好啊！令人遺憾的是，這只是一個願望而已。

「次級創造性」即把靈感轉化為現實成果的過程。這時除了創造性以外，還需要長期艱苦地勞動。腦海裡出現創造性的火花並不稀奇，但要將它轉化為實在的東西，就得學習大量的理論知識，學習大量的實踐技能和使用工具的方法，這都要經過長期艱苦地磨練。可能會耗費幾十年的光陰。經過足夠的實踐，才會取得成功。如果要吟詩作畫，就必須經過足夠地實踐。如果要吟詩作畫，就必須經過扎實的基本功學習，大量的寫生或寫作練習，才能水到渠成。

「原初的創造性」和「次級創造性」的關係，就像是拓荒者和移居者之間的關係。而自我實現者，則能將兩者有機地結合起來，他們不會僅滿足於一種創造性的火花，而會追求完整的成果，馬斯洛稱兩者的結合為「整合的創造力」。

人的天性中就有自我實現的因子存在，自我實現的人不過是發展較為健康的一種人。自我實現者的創造性是由他的人格所決定，是與他的人格相伴相生的。這種創造性是生命自發地表現自我的一種方式，是一種自然而然的存在，是人格達到一定的完善程度所誕生的東西，而不是靠其他方法來獲得的。這種創造性會投射到自我實現者的生活，使自我實現者在解決任何問題時都能呈現出與眾不同的創造力。

（四）創造性活動的心理狀態

前面已經論述過，創造性是一種人格的副現象，而不是創造產物、創造行為的問題。既然是以人格為主導，創造性的問題實質上是有創造性人的問題。因此，我們有必要對有創造力的人進行創造性活動時的心理狀態分析。

分析表示，有創造力的人在進行創造性活動時的心理有以下幾點特殊表現：

沉迷於現在。在創造的激情勃發、靈感階段，一個人會完全地忘記自我，忘記時間，忘記身處何地，忘記他還有多少欠債未付，忘記他的愛情波折。他眼中所見，心中所想，手中所做，都只是他正在從事的這項創造性活動。他放棄了過去，把過去曾經成功或失敗的經驗拋到一邊，充分運用頭腦中活化的知識，而不用死板的教條去認識事物的真實面目和解決問題；他也放棄了未來，忘記了提出自己的做法可能會遭遇何種反應，他不再把現在作為一種達成未來目的的手段。他忘記了過去與未來，全心全意地沉醉在此刻的創造性活動中。

自我意識的喪失、忘我。在進行創造性活動時，一個人摘下了自己的面具，不再試圖影響別人、討好別人，不再試圖去表演，不再受他人的影響。此時，在人的內部、內心也達到了高度的整合，人更接近於一個全身心經驗的自我，不再自我觀察、自我批判，不再有少年般的羞怯與扭捏，不再會感覺難堪，不再抑制自身的衝動與想法。此時，他變得更有勇氣與力量，各種軟弱與畏懼無影無蹤，對於神祕的、新穎的、不尋常的事物不再防禦排斥，而是勇敢地加以探求。此時他就是一個勇於面對一切的鬥士。

道家式的接受與肯定。這裡的精髓是順其自然，是細緻入微的觀察，是承認現實而不是對現實加以批判。對任何問題都保持順其自然的態度，毋須施加任何主觀意志，施加主觀控制反而不好。這種狀態我們可以透過一些例子來理解，比方說，大小便、睡眠、性行為，越是緊張、越是試圖加以控制，就越是難以進行，如果能保持一種鬆弛、信賴的心態，順其自然，一切就會順利得多。在這種時候，我們完全放鬆，聽由身體和頭腦引導我們去接觸事物的固有性質，不需要刻意努力，不需要自覺的意志和控制，我們真正地傾聽內心的聲音，傾聽外在世界的聲音。

最完美的人

按語：

什麼樣的人是「最完美的人」？馬斯洛告訴我們，他是人類最好的樣品，他具備適合人類的一切要素，他具有發展良好並起充分作用的人的一切能力，而且沒有任何疾病，尤其是沒有那種會對必要特徵進行傷害的顯著疾病。這樣的人可以被視為「最完美的人」。

「人性」一詞究竟如何定義？在理論上和邏輯上都難以把握。這個定義在每個成分上都需要再定義。

馬斯洛認為，只有在與人性標準對照時，「好人」才能下確切的定義。同樣地，這個人性標準幾乎可以肯定只是程度問題，即某些人與另一些人相比更有人性。

「好人」是最有人性的。為什麼這麼說呢？因為人性具有各種規定性的特徵，每一個特徵都是必要的，但某一特徵本身在確定人性時又是不充分的。且就許多規定性特徵本身而言，也只是程度的問題，並不能完全地、嚴格地區分動物和人。

在此，馬斯洛發現哈特曼的公式是非常適用的——一個好人的好的程度要看他滿足或符合「人」的概念的程度。

就某種意義而言，這的確是一種簡單的解決方法，也是我們在不知不覺間持續採用著的方法。比如，第一次做母親的婦女問醫生：「我的孩子正常嗎？」醫生明白她的意思，所以不會深究她不恰當的用詞；動物園管理人員去買老虎，他會尋找「好的」品種——真正有虎性的老虎，即具有所有明確規定的虎性並發展充分的老虎；當我們為實驗室購買猴子時，我們也只選擇猴性好的猴子，而捨棄其他怪異的。對於蝴蝶、蘋果樹等而言，同樣也是選擇「最好的」。

選擇的標準可以這樣概括：在規定這個物種的一切性質上，這是整個物種裡的最佳樣品，是最成熟的、最沒有殘缺的、最典型的個體。

在相同的意義上，我們也可以發掘人類最好的樣品，這個人具備適合人的一切要素，他具有發展良好並起充分作用的人的一切能力，而且沒有任何疾病，尤其是沒有那種會對必要特徵進行傷害的顯著疾病。這樣的人可以被視為「最完美的人」。

從現在的情況來看，這並不是一個十分困難的問題。但是，若還有必須注意的問題的話，馬斯洛認為無外乎是以下幾點：

首先，我們碰到的是仲裁的文化標準問題，這個文化標準可以淹沒和壓倒生物心理學的決定性因素。

其次，我們要面對馴養的問題，即要面對人工的和受保護的生物問題。在此，我們必須清楚，人在某些方面也可以視為被馴養的，尤其在我們特意保護的那些人身上更是如此，比如年幼的兒童、腦部損傷的人等。

就這個時代的狀況而言，文化的力量比人的似本能傾向要強得多，因此，要梳理出人的心理、生理學的價值，無疑是一項困難的任務。但無論如何，完成這個任務是可能的，同時也是十分必要的。

我們研究上的重要問題是「選擇健康者」。事實上，這一點已經做得非常好了。在此，我們所面臨的困難是理論上的，即健康的定義和概念化的問題。

人都有自己的追求，然而，最大、最根本的追求應該是做一個實實在在的「我」。

一個人能夠成為什麼，他就必須成為什麼，他必須忠於他自己的本性。

一個人除非正處於自己最理想的職位上，否則，即使所有的生存需求都得到了滿足，也會有新的欲望和不安迅速發展起來。正如一位詩人必須寫詩，一位作曲家必須作曲，一位畫家必須繪畫，否則，他始終都不得安寧。

「不得安寧」就是一個人的「內心的衝動」，正是因為這種潛意識的內驅力，把這個人的潛在的才能、智慧、創造力「驅趕」了出來，也把這個人一步步地推上自我實現，成為一個頗具個性的、獨特的「我」。

「自我實現」是人的一種需求，屬於對自我發揮和完成的欲望，是一種使他的潛能得以實現的傾向，這種傾向可以促使一個人成為獨特的個人，達到他所能夠達到的目標。

採取何種方式來滿足這一需求，對於不同的人而言，或許存在著很大的差異。有些人想成為一位理想的母親，有些人想在體育上大顯身手，還有些人想在繪畫上有所成就，如此等等，不一而足。

自我實現需求的明顯出現，通常要依賴於生理、安全、愛與歸屬、尊重需求的滿足。

總之，自我實現的人是人類中的傑出人物，他們已經達到了人類生活的理想狀態。他們優秀而健康、堅強、有創造力、高尚而明智。對自我實現者的研究，或許可以幫助我們解決理論上的困難，為「健康」下一個明確的定義，為「最完美的人」給出一個更明確的標準。

進入高級的世界

按語：

許多情感上健康的人面對的關鍵性問題是：如何在別無選擇的匱乏性世界裡生活？換言之，生活在充滿病態、無知、虛假、痛苦、醜惡的現實世界中，如何才能不忘記包含至真、至美、至善的存在性領域和存在性價值？關於這一問題，馬斯洛在阿道斯·赫胥黎的《永恆的哲學》、皮特林·索羅金的《利他和崇高的成長方式與方法》以及其他有關著作的啟發下，為我們提出了寶貴的建議。

馬斯洛認為，情感上健康的人在日常生活中採取多種方法來維持和促進他們的內在成長是十分重要的。

許多情感上健康的人面對的關鍵性問題是：如何在別無選擇的匱乏性世界裡生活？換言之，生活在充滿病態、無知、虛假、痛苦、醜惡的現實世界中，如何才能不忘記包含至真、至美、至善的存在性領域和存在性價值？關於這一問題，有兩本書值得我們注意——阿道斯·赫胥黎的《永恆的哲學》以及皮特林·索羅金的《利他和崇高的成長方式與方法》。

在這兩本出色的書以及其他相關著作的啟發下，馬斯洛提出了下列建議：

以親身體會驗證生活。

不要只將目光集中在手段上，也要注重結果。

遵從手段的目的性。

遠離陳腔濫調，追求新鮮體驗。

直視你的罪惡，而不是逃避它。

面對你的過去，而不是忘卻它。

欣賞自我，善待自我——理解、接受、原諒自己性格中的缺陷，甚至將它視為人性的自然表現而去喜歡它。

以道家的方式遵從規律：包括自然的規律、現實的規律和人性的規律，接受甚至喜歡這些規律。

花一些時間來入靜、沉思，「從現實中走出來」，從你的日常境況——當前的恐懼、憂慮、災禍的預感中擺脫出來。

心靜如水，沒有喧鬧和忙亂，沒有任何活動，不走神，暫時忘卻時鐘、日曆、社會、責任、義務和他人的要求。

良好判斷你目前的生活狀況，不要總是將它與那些顯得比你幸運的人相比。

問一問自己：一個小孩子會怎樣對待自己所面臨的情況？一個天真無邪的人會怎樣對待？一個已經沒有雄心壯志和競爭熱情的老人又會怎樣對待？

培養無限可能的信念，去感受讚賞、敬畏、尊敬和驚嘆的感覺。

努力發現對於生命奇蹟的感覺，例如，一個小孩子就是一個奇蹟，對於一個小孩子而言，「什麼事都可能發生」，「海闊天空任其翱翔」。

如果你發現自己變得越來越自我中心，越來越自高自大，越來越傲慢，那就想想死亡，或者，你也可以想想其他自大高傲的人，看看他們是什麼樣子。

解決匱乏性問題，換言之，不要認為匱乏性世界在與存在性世界對抗時總占上風。

達到更高層次的意識，使它浮到意識的表面。

匱乏性世界比存在性世界更加基本，前者是後者的先決條件，但你不能將兩者分開，孤立地看待其中一個，它們處於一個整體的不同層次中，沒有必要認為它們是不相容的，事實上，存在性世界最堅實的基礎就是對匱乏性需求的滿足。

刻意體驗實驗性的慈善活動——若有時不能給自己做點什麼，如沮喪和焦慮時，至少能對別人有點益處——慷慨地奉獻自己：用你的時間、金錢和服務來幫助別人；為崇高的目標而工作，至少將你收入的百分之一用於你所認同的慈善活動，這有助於你感覺到自己善良的一面，感覺到自己的美德。

馬斯洛還就如何進入誠實世界，提出如下建議：

不要讓自己變得對虛假、墮落、腐化、道德敗壞視若無睹，習以為常。

你必須對不誠實的醜惡行為保持敏感——保持一雙真誠的眼睛；堅持直言不諱的說話方式；處世樸素單純。

記住善意的謊言仍是謊言。你不必總是有禮貌地表示同意。但在一個令人憤世嫉俗的世界裡，做一個好人是沒有必要害羞的。

永遠也別低估個人對世界的影響力。記得那個著名的安徒生童話〈國王的新衣〉嗎？是一個小孩子首先發現並叫喊「國王沒有穿衣服！」而後所有的人都看出來了。

你的尊嚴和驕傲在多大程度上依賴於隱私和祕密？如果世人總能看穿你的思想，任何時候都知道你在想什麼，你會有什麼感覺？或者，世人何時何地都能看到赤裸裸的你，你所有的隱私和祕密的行為都在別人的注視之中，毫無祕密可言，你又會有什麼感想呢？你在這些情況下仍然保持著尊嚴和驕傲，才是真正的尊嚴和驕傲。為了獲得真正的尊嚴和驕傲，不要試圖借助隱匿的行為和其他外在的確認標誌。如制服、帽子、頭銜、社會角色等。澈底地展示你自己，將你的傷痕、羞愧和罪惡感都表現出來。不要任何人將某種角色強加給你。也就是說，不要因為別人認為一個醫生、教師等應該怎麼做，你就採取別人的方式去做，從而違背了自己的本意。不要隱匿自己的無知，請勇敢地承認它。

最後，關於我們如何進入存在性世界，馬斯洛則有如下建議：

透過有意識地進入存在性世界，可以走出匱乏性世界。比如，去圖書館讀書，去參觀博物館或藝術展，觀賞美麗的或莊嚴的樹木，到山上或海邊去陶冶性情。

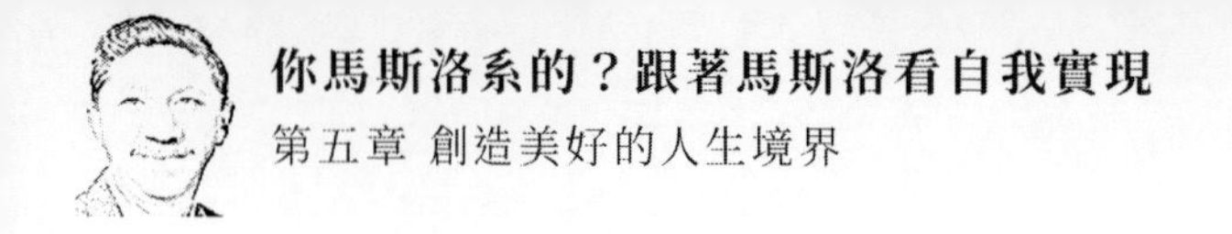

進入純哲學、純數學以及其他自然科學的領域。

努力縮小注意的範圍，陶醉於一些微小的世界，例如，觀察昆蟲，細細地察看花朵、樹葉、沙粒或塵埃。專心致志地觀察而不受外界的干擾。

從別的動物的角度對自己的生活進行思考，比如，自己在一隻螞蟻或一隻飛鳥的眼中會是什麼樣子？

長時間地與嬰兒或兒童待在一起。他們比其他人更接近於存在性世界。

當你看到一個熟悉的人或熟悉的情況時，換一種方式進行思維。比如，假設自己是第一次見到，用一種新鮮的眼光去看；或假設這是最後一次見到了。

思考一下，你的生活在一個遠方的人眼中看來是怎樣的？比如，一個還在非洲小山村裡的人，他是怎樣看待的呢？

假設你只能再活一年，你會怎樣對待你的生活？

默默地體會那些值得讚賞、尊敬和熱愛的人，感受和思考他們的美德。

用藝術家或攝影師的眼光來觀察物體的本質。比如，用鏡框將它和周圍的環境分開，把它與你先入為主、預想它應該怎樣的種種觀點分開。把物體放大來看、瞇著眼看以觀察它大概的輪廓。或者從另一個異常的角度來觀察，如透過鏡子裡反射或顛倒來看。可以把它放入特殊的背景中，用特殊的形式擺放它。也可以長時間地盯著它，自由地聯想它，隨意發揮。

以偉大的、睿智的哲學家的眼光來看待問題，如伏爾泰、史賓諾沙、蘇格拉底等。

試著與歷史上的偉人交流，和他們交談或給他們寫信。例如，貝多芬、威廉·詹姆斯、伊曼努爾·康德，而不是只與你生活中的人交流。

第六章 實現自我的價值

自我實現價值的人是人類中的最好典範，他們精神健全，能充分利用自己的天賦能力和潛能，他們被稱為「不斷發展的一小部分」。他們的個人特點、創造性，向世人展示了令人驚訝而又激動萬分的美好前景：人經過充分的發展，竟然可以達到如此的高度！

尋找自我實現的人

按語：

馬斯洛對自我實現的研究源於他對大學時代兩位教授——潘乃德和韋特墨的崇敬。由於對他們極度崇敬，馬斯洛想弄清楚究竟是什麼使他們如此卓越不凡、風度迷人。經過一段時間的研究，他發現兩人之間彷彿有某些共同之處，這間接導致了馬斯洛對自我實現理論的興趣。

如果你想知道一個人一英哩能跑多快，你不會去研究一般的跑步者，你研究的是更出色的跑步者，因為只有這樣的人才能使你知道人在更快地跑完一英哩上所具有的潛能，因此，我們應該研究人類中出類拔萃者——不斷發展的那一部分。

馬斯洛的研究對象主要是五六十歲的成年人，因為，經過大量的研究發現，年輕人當中不可能存在較為理想的自我實現的類型。在我們所選定的對象中，既有歷史人物，也有與我們同時代的人。歷史人物包括，晚年的林肯、湯馬斯·傑弗遜、愛因斯坦、愛蓮娜·羅斯福、珍·亞當斯、威廉·詹姆斯、阿道斯·赫胥黎、史賓諾沙等；在與我們同時代的人選裡，雖然他們存在著某些不足，但仍然可用於研究，他們之中包括，戈塞、馬丁·布伯、克萊斯勒、帕布羅·卡薩爾斯、丹尼洛等；除此之外，還有一些別人的研究實例，如禾特·惠特曼、班傑明·富蘭克林、E·貝拉米、湯瑪斯·摩爾、亞瑟·E·摩根、約翰·濟慈、亨利·朗費羅、鈴木大拙、羅勃特·白朗寧、皮耶·雷諾瓦、伯特蘭·羅素、R·W·埃米森、喬治·華盛頓等世界著名人物。

我們在選擇的過程中採用了兩種標準——消極的標準和積極的標準。

消極的標準使被選對象中沒有神經系統疾病、心理變態性格、精神病或這方面的強烈傾向。這種標準可視為淘汰法，即將擁有上述特徵的人選出來、淘汰掉，而後利用下一種標準選擇合適的研究對象。

積極的標準是自我實現的準確證據，包括以下要點：

研究對象能夠充分利用和開發天資與潛能，竭盡全力達到完美，他們是一些已經走到或正在走向自己力所能及高度的人。

研究對象的生理、安全、愛與歸屬、尊重的基本需求得到了滿足，他們感到安全和無憂無慮，感到愛與被愛，感到自身價值並且被尊重。他們明確自己的哲學、宗教或價值取向，自我實現意味著基本需求的滿足，再加上最起碼的天才、能力、人性。自我實現者往往是一些年長的人，在年輕人中則很難發現。

需要強調的是，「人無完人」，自我實現者也不例外，他們同樣也存在著各種錯誤和缺點。比如，他們有時也令人感到厭煩；在涉及到自身作品、家庭時，他們會表現出淺薄的虛榮心與驕傲感；他們也會流露出乏味和自私等缺點。但是，對人性抱有不切實際的幻想是不現實的，每一個活著的人都會有缺點，瑕不掩瑜，有一些缺點不影響他們成為自我實現的研究對象。

自我實現者的人格魅力

按語：

在馬斯洛看來，自我實現的人是人類中的傑出人物，他們可以說已經達到了人類生活的理想狀態。他們優秀而健康、堅強、有創造力、高尚而明智，透過研究他們，我們可以了解一個人的發展潛能究竟會有多大，人能變成什麼樣子。透過研究他們，人類可以更好地探索自我潛能，自我實現者的特點就是人類所要努力的方向。那麼自我實現者有何特點呢？馬斯洛為我們歸納了自我實現者的十大特點，這些特點正是我們夢寐以求的。

自我實現的人是人類中的傑出人物，他們可以說已經達到了人類生活的理想狀態。他們優秀而健康、堅強、有創造力、高尚而明智，研究他們，我們可以了解一個人的發展潛能究竟會有多大，人能變成什麼樣子。透過研究他們，人類可以更好地探索自我潛能，自我實現者的特點就是人類所要努力的方向。自我實現者具有我們夢寐以求的特點，馬斯洛認為，自我實現的特點可以簡要歸納為以下十點：

一、對現實有更深邃的洞察力

生活中許多領域，如智力與科學、藝術與音樂、政治與公共事物等方面，自我實現者似乎能比其他人更敏捷和正確地看出被隱藏和混淆的現實。相對於普通人而言，自我實現者由於較少地受主觀願望、突如其來的欲望、難以控制的焦慮和恐懼的影響，他們也較少地受性格決定樂觀、悲觀傾向的影響，他們似乎總能更準確地把握隱藏在事物表面下的本來面目。

相對於大多數人而言，自我實現者可以更輕易地辨別新穎、獨特和具體的東西，他們生活在自然的真實世界中，而非生活在一群人造的概念、抽象物、期望、信仰和陳規之中。而在現實生活中，許多人將這些東西和真實世界混淆起來。自我實現者更傾向於領悟實際的存在而非他們自己或他們所屬文化群的願望、希望、恐懼、焦慮、理論和信仰，我們稱之為「明亮的眼睛」。

我們的研究對象很明顯地不懼怕未知事物。在此點上，他們與普通人大不相同。他們接受未知事物，與之關係融洽，和已知事物相比，他們往往更為未知事物所吸引。他們不但能容忍意義不明、沒有結構的事情，甚至還喜歡它們。用愛因斯坦的話來說：「我們能經歷的最美的事物——神祕的事物，它是一切藝術和科學的源泉。」

對於心理健康的人而言，既然未知事物並不可怕，就不必費心去嚇唬鬼魂，吹著口哨壯著膽子走過墓地，或者抵禦想像的危險。他們並不忽視或者否認未知事物，不迴避它們或自欺欺人地把它們看成是已知的。他們也不急於整理未知的事物，過早地將它們分類和標籤化。他們不固守熟悉的事物，他們對真理的追求也不是處於災難中，對於確定、安全、明確以及秩序的需求，作為相反的例子，我們可以在戈爾德斯坦的腦損傷或強迫症的病例中看到突出的例子。當整個客觀情況要求時，自我實現者可以在雜亂、不整潔、混亂、含糊、懷疑、不肯定、不明確或不精確的狀態中感到愜意。而在某些情況下，這些情況在科學、藝術或一般生活中是完全必要的。

二、對自我、他人和自然的接受

現實生活中，許多人會毫無必要地為許多事情感到內疚、羞愧和無謂的焦慮，這或許是因為自己原本應該做好的事情沒有做好，或許是對自己在某些方面要求過高，其結果反而產生不必要的罪惡感。而自我實現者相對地不受各種罪惡感、羞恥心和焦慮的影響，他們敢於接受自己的脆弱、過失和缺點，坦然地面對人性的罪惡方面，就像接受大自然一樣。大自然有時候風和日麗、春光明媚；但有時候也會雷電交加，喜怒無常。大自然是客觀存在的，人類只能去自然地接受它。人類不會去抱怨岩石的堅硬、水的流動、樹木的翠綠，因為這是客觀存在的。自我實現者對待人性的善惡也是如此。面對人性的多樣化，他們不會對其指手劃腳，說應該這樣或應該那樣，他們會尊重人的本性而不會以自己的主觀意志為轉移。他們所見到的是人性的本來面目，他們不依靠有色眼鏡來扭曲、改變或粉飾所見事實的真相。

在接受自我方面，自我實現者往往比一般人做得更好。他們胃口很好，生活得非常愉快，沒有不必要的懊悔、羞恥和歉意。他們總是食慾良好、睡眠香甜，不會不必要地壓抑自己，他們可以充分享受性愛的美妙，其他屬於生理性的衝動也都是如此。他們不僅在這些較低的層次上能夠接受自己，在各個層次上也都能夠接受自己，如安全、愛與歸屬、榮譽、自尊等，這一切都被看成是值得花時間和精力的。它們之所以能被毫無疑問地接受，其原因僅僅在於：自我實現者傾向於接受自然和現實，不會因自然和現實不合己意而憤憤不平。

自我接受與接受他人的緊密相關體現在兩個方面：

其一，他們沒有防禦性，沒有保護色或偽裝，他們大多數時候坦然面對一切變化，不會為了達到某種目的而改變自己的外在表現，他們活得瀟灑自在，完全為了自己而活。

其二，他們厭惡自己身上出現矯揉造作的行為。如假話、詭計、虛偽、面子、裝腔作勢、耍花招等，以庸俗的手法譁眾取寵在他們身上極為罕見。因為他們與自己的缺點也能和睦相處，這些缺點往往變得不讓人覺得是缺點，而只是中性的個人特點。

當然，他們也會有罪惡感、羞恥心，也會感到內疚，也會對他人有防衛心理。因為他們也有自己的缺點，如懶惰、漫不經心、頑固、猜疑，更普遍地是他們所在文化的固有缺點。但相對普通人而言，他們的這些負面情緒從強度和數量上都要小得多。

三、自發性、坦率、自然

自我實現者具有相對自主的、獨特的、不遵從慣例的道德準則，他們的行為中具有相對的自發性，並且在內在的生活、思想、衝動中具有很強的自發性，他們坦率、自然，很少做作或做人為的努力。

但是，這並不意味著他們從不遵從習俗，他們的獨立性與自發性完全出自於他們的衝動和思想意識。由於他們能夠察覺別人很難在這一點上理解他們，也為了避免無意間傷害他人，因此，對於種種俗套禮節，儘管自我實現者心裡不以為然，他們仍會盡量去接受。

如果自我實現者與一些並不要求俗套行為的人相處，他們會自動拋棄這種表面特性，自由而無拘無束地表現出自己的天性，如果有必要，他們可以像脫掉一件大衣一樣輕鬆甩掉這些俗套的儀式禮節，這並不費什麼事。但通常自我實現者並不願意小題大做。

自我實現者對於自己的衝動、欲望、見解以及主觀反應有一種優越的覺悟，他們與普通人有一個最深刻的差異，他們的動機同普通人相比，在數量上、品質上都有著深刻的區別。一般環境適應良好的正常人很少意識到他自己是什麼，他要什麼，他的觀點是什麼等問題。普通人的動機是為滿足匱乏性的基本需求而奮鬥，而自我實現的人上述基本需求已經得到了滿足，他們的行為動機是為了成熟，為了日益完善，為了自己的風格日益展現，總之，就是為了自我實現。

四、以問題為中心

一般來說，自我實現者都習慣於把注意力集中在他們自身以外的事情上，即以問題為中心而不是以自我為中心。他們自身一般不存在什麼問題，他們自身的問題早已得到解決，他們一般也不會關心他們自己。這恰好與不安定的人形成強烈的對比。普通人往往會發現有大量尚在等待完成的任務，一些需付出大量精力的問題要解決，他們沒有時間去發展自身擁有的創造性。

自我實現者選擇的任務未必是他們喜歡或是他們為自己選擇的，而可能是他們所感到的職責、義務和責任。這就是為什麼我們要採用「他們必須做的工作」，而不採用「他們想要做的工作」的說法的原因。一般來說，這些任務是非個人的，不自私的，更確切地說，它們與人類的利益、民族的利益或家庭的少數幾人有關。

馬斯洛認為，研究對象通常習慣於生活在最廣泛而合理的參考系裡，他們的心胸開闊，能從整個人類的角度來考慮問題。他們絕不會見樹不見林，他們是在價值的框架裡工作。這種價值是偉大的，而不是渺小的；是宇宙性的，而不是區域性的；是從長遠出發的，而不是從一時出發的。總之，儘管這些人很樸實，但從某種意義上來說都有點像哲學家。

當然，這種態度對於日常生活的每個領域都具有意義。例如，研究對象的顯著特點，如寬宏，脫離渺小、淺薄和偏狹，就可以歸入這種更一般的態度名下。自我實現者超越瑣事、視野開闊、見識廣博，在最開闊的參考系裡生活，籠罩著永恆的氛圍，給人的印象具有最大的社會以及人際關係的意義，它彷彿傳播了一種寧靜感，擺脫了對於緊迫事務的焦慮，這使生活不僅對於他們自己，且對於那些與他們有聯繫的人都變得輕鬆了。

五、超然獨立與離群獨處的特性

所有的自我實現者都可以很隨意地離群獨處而不會使自己受到傷害，他們不會因為自己單獨一人而感到不舒適。通常對人類性格的評價——內向、外向的說法並不適用於他們，他們沒有明顯的內向或者是外向的特徵。馬斯洛採用「超然獨立」這個詞彙來描述他們。這個詞包括兩層涵義：第一是不受外界影響的特徵；第二是自我決定、自我管理的特徵。

超然獨立是相對於周圍的環境而言的。前面已經講過，自我實現者具有超出普通人集中注意的能力。強烈的專心致志導致他們並不在乎周圍的環境，他們具有熟睡的能力，不受干擾的食慾，在面對難題、焦慮和責任時，依然能夠談笑風生。他們可以超然物外，泰然自若地保持平靜，而不受那些在其他人那裡會引起騷亂的可怕事情的影響。他們對待個人的不幸並不像一般人那樣反應強烈，甚至在不莊重的情境中，他們依然能夠保持尊嚴。

超然獨立的另一層涵義是自我決定，自我管理。自我實現者是積極主動、有自己主見的行動者，而不是一枚人云亦云、人人可擺弄的棋子，他們在生活中是強者而不是弱者。在做決策上，他們依靠自己的判斷，聽從內心的呼喚。他們依據自己的經驗來分析問題、判斷問題時，不輕易為他人的意見所左右。而生活中大多數人並非如此。我們在發表對事件的看法時，往往受報章雜誌或身邊的權威的看法所局限；購買日常的生活用品時，往往聽從推銷員、廣告的勸說；甚至在選擇領導人時，我們也是人云亦云的時候為多。實際上並不是由自己做決定，而是讓別人、各家媒體來替我們決定，他們日常為人處事是在說自己的話，按自己的想法做事。這一點說起來簡單，實際上需要長期艱苦的努力才能做到。

自我實現者對於外界具有相對獨立的能力，這是因為他們的匱乏性需求都已經得到了充分的滿足，他們所要求的滿足並不需要依賴外界、他人來實現。即使面對外界的打擊、嘲諷、挫折，他們仍然能夠保持相對穩定的心理狀態。在普通人會發瘋的環境中，他們仍然能夠保持一種相對的穩定與安詳，這個時候，我們稱這些研究對象「有自制力」。

六、民主的性格結構

自我實現者有一種被馬斯洛稱為「民主的性格結構」的特徵，這種特徵有以下的表現形式。

首先，研究對象對任何人都有一種基本的尊重。即便是一個極度邪惡的人，他們也不會肆意貶損、侮辱他的人格，他們仍然會把他當作一個人來看待。但這並不等同於他們對邪惡是一味忍讓，相反，他們對惡勢力比一般人更有可能挺身而出。

其次，研究對象對於一個人的評價，是根據這個人的優點、特徵，而非階級背景、教育程度、種族、膚色甚至是政治信仰。這些對一般人而言很明顯也很重要的區別，對他們來說似乎無關緊要。三教九流、天涯海角他們都有朋友，一個高官可能還不如一位農民跟他更合得來，當然這並不是說他們選擇朋友時毫無品味。他們選擇的朋友，必然在某些方面有值得他們學習的地方，有令人稱道的地方。即便是一位鐵匠，也有自己的長處，也許鐵匠對於人生的看法要比高官顯爵還要精闢。「三人行，必有我師」是對他們這種特徵的真實寫照。他們並不試圖保持自己的優越感，不認為自己一定比別人高明，這緣於他們對自我真正的自信。他們不需要保持任何外在的地位、名譽之類的東西，他們能夠毫不裝腔作勢而發自內心地向別人請教。

七、富有哲理的善意幽默感

研究對象具有與眾不同的幽默感，他們的幽默感是善意的，富有哲理性的。在他們當中，生活中常見的忙碌、努力、策劃都可能會顯得有趣可笑。他們是以一種相對超脫的態度來看待生活中的點點滴滴，因而不會拘泥於生活中的名利、得失，他們取笑人類的愚蠢與自大，取笑人類的裝模作樣，對人類生活中的虛偽客套給予善意的譏諷。他們的幽默引起的往往是會心微笑而非捧腹大笑，他們的這種幽默富有思想與哲理性，跳脫出當時的具體情況而非這個情況的附加物，它是自發的而非事先策劃，且不能重複。

自我實現的人的幽默感並非以傷害他人為手段，他們不會嘲笑他人的無知，不會惡意地嘲笑別人的缺點，也不會靠一些猥褻的內容來取悅大眾，更不會把滑稽當幽默，他們的幽默不會讓別人感到難堪或牽強，他們的幽默是真正的幽默。

八、對文化適應的抵抗

文化相對主義認為，適應良好的人類對文化有極高的認同，並在日常的為人處事中加以體現。從贊同適應文化這個角度來說，自我實現者都屬於適應不良，雖然他們在許多方面與文化和睦相處，但也可以說他們在某種程度上內在地超脫於包圍著他們的文化。他們與文化的關係可作下列分析。

自我實現的人在選擇衣服、口頭禪、食物和做事情的方式時，他們一般也遵循當時社會的習俗。對於社會上流行的事物，他們不會刻意地去追求，也不會有意地加以抵抗，社會的流行習俗對他們沒有太大的影響。這些習俗對於自我實現的人來說是一種很表面的東西，必要時他們可以像換衣服一樣輕易地改變這些習慣，他們沒有多餘的精力來對付這些事，也不屑於在這些事上花費精力。他們對於禮貌、舉止、風度不太關心，往往是以敷衍為多，或者是為求乾脆、簡潔而速戰速決。

他們可以稱為是權威的背叛者。他們雖然也對文化的不公正表示憤怒與無奈，卻不急於改變它。因為激進的變革往往會引起更大的犧牲，而收益甚微。對於文化進步，他們更多的是一種冷靜的、長期的關心，這緣於現實生活中緩慢變革的必要性和益處。

九、自我實現者的價值觀

對自我實現者而言，生活中許多方面的衝突、鬥爭以及選擇時的猶豫和衝突減弱甚至消失了。一般來說，生活中許多問題都不是內在固有的，而是人為製造的，比方說到哪家餐廳吃飯，玩牌有趣還是跳舞有趣之類的問題，成人與兒童、老師與學生之間的對抗等。在面臨這類選擇時，普通人就在衝突之中做出選擇，價值趨向則在選擇中得到表現。但對自我實現者而言，此類衝突根本就不構成衝突，此類衝突對他們而言顯得毫無道理，鬥爭不再是鬥爭，而成了愉快地合作。

在高峰經驗的時刻，自我實現者對世界的描述極其相似，他們關於世界如何的陳述也是一個價值陳述。這個時候，是和應該是等同的，事實和價值是等同的。用通俗的話來解釋，就是說在高峰經驗時刻，自我實現的人接觸到的現實世界已經變得近於理想，他們所感知、所看到的世界就是他們經常在夢中渴望見到的那個被希冀、被渴望的世界。「是」是客觀存在，「應該」是理想世界，「是」和「應該」已經融合在一起，理想變成了現實。事實和價值相融。因此，我們完全可以把自我實現的人在高峰經驗時所描述的世界，看成我們所要奮鬥的終極目標。

十、自我實現者的缺陷

自我實現者並非完美無缺，他們也會表現出許多人類的小缺點。他們有時候也顯得愚蠢可笑、令人厭煩；在牽涉到自身的時候，他們也會表現出大多數人都會有的虛榮心；他們會面紅耳赤地跟別人爭論，也會盲目地揮霍錢財；有時候他們顯露出的暴躁脾氣會讓周圍的人感到震驚。

自我實現者在遭遇突變、受到巨大打擊時，能表現出驚人的冷靜和近乎冷酷的無情。這部分是因為他們的性格非常堅強，而對事物的認識又能超乎尋常地由表及裡，發現事物的本來面目。因此，他們能夠從容面對生活的殘酷，這常常會讓周圍的人認為他們冷漠無情。比如說，他們能迅速地從自己親人的逝世中恢復過來；一旦發現摯友欺騙自己，他們就會毫不猶豫地跟他斷絕關係。感覺有點像拿起手術刀的外科醫生，因為深刻的認識而顯得冷漠無情。

他們的缺陷也表現在他們對待習俗的態度上。由於他們對習俗只是一種勉強接受的態度，有時會使他們在社交場合落落寡合。對於別人的奉承讚美，他們會有意無意地抵制。儘管他們的本意並不是想引起他人不快，但陳規舊俗經常使他們感到不自在，因而採取不太合作的態度。此時他們採取一些不合規矩的做法會招致別人的不滿。

如果自我實現者全神貫注於自己的興趣，深深地沉浸在某個問題時，他們會對周圍的事情變得毫不在意、視若無睹，幽默感不見了，社交禮貌也拋到了九霄雲外。此時他們的言行很可能讓別人感到相當震驚、羞辱，感到自己的情感受到了傷害。

甚至是他們的寬容也會出問題，他們的存在也有可能為社會上的不良風氣開了方便之門。他們對別人過於寬容，也許會姑息養奸，流氓無賴會從他們那裡獲得本不該有的遷就。

一般而言，自我實現者在許多方面都堪為楷模。雖然他們也會有罪惡感，也會焦慮悲傷，也會有虛榮心，內心也會有劇烈的矛盾，但是這並不妨礙其人性的光輝。畢竟「金無足赤，人無完人」。

傾聽自我的呼喚

按語：

自我實現是一種理想的生活狀態，如何才能達到這種令人神往的狀態呢？是否如馬斯洛的一些聽眾那樣，今天下午聽了一堂自我實現的課，在下個星期就聲稱他們達到了自我實現呢？這是不現實的。事實上，趨於自我實現是一個長期的過程，只有在中老年人身上才會發現，年輕人身上很難看到這一點。

當一個人趨向自我實現時，他是否會拚命地壓榨他人？就實際行為的步驟而言，自我實現意味著什麼呢？根據對自我實現者的研究，馬斯洛發現個人趨向自我實現有以下八條途徑：

第一，自我實現意味著充分地、活躍地、忘我地體會生活，全神貫注，寵辱皆忘。它意味著不帶有青春期自我意識的那種經驗——這種經驗的關鍵就是達到「無我」，而大多數青年人的毛病正出在太少無我、太多自我意識和自我覺知。此刻，個人成為一個完全的人。他專心致志於他正在做的事，腦中沒有其他雜念。這時候，他忘記了自己姓什麼名什麼，忘記了偽裝自己，忘記了拘束與畏縮，他不再努力使自己變得成熟老練——他已達到美妙的自我實現。作為個人，我們偶爾經歷過這樣的時刻。

第二，自我實現是一個連續的過程，而不是一個一蹴而就的過程。生活中我們面臨無數次的選擇，每次選擇都有前進與倒退之分。是選擇說謊還是選擇誠實，是選擇偷竊還是選擇正義，生活中的誘惑時時刻刻引誘著我們偏離航向，需要我們做出正確的選擇。前進的選擇使人成長，讓人更加自信、更加堅強；倒退的選擇使人變得畏首畏尾，讓人更加悲觀、更加消極、對人的防禦心更強。每一次對成長的選擇都是趨向自我實現的動力。

第三，自我實現的涵義即設想實現一個真實的或成功的自我。人不是一塊白板，也不是一團泥巴或黏土。人是某種已經存在的生命體，至少是一種軟骨結構，至少是他的氣質，標準生物化學平衡等。這裡有一個自我，我們說「要傾聽內在衝動的呼喚」，意思就是要讓自我顯現出來。許多人在許多時候不是傾聽自己的真情呼喚，而是傾聽父母的教訓，或教會的、長老的、權威的、傳統的聲音。

作為邁向自我實現簡單的一步，馬斯洛有時提醒他的學生，當有人遞給他們一杯酒並問他們味道如何時，他們應該試著以一種全新的方式作答。首先，馬斯洛建議他們不要看酒瓶上的商標，不要想從商標上得到任何暗示再考慮應該說好或不好。然後，馬斯洛要他們閉上眼睛，「定一定神」。這時，他們就可以面向自身內部，避開外界的干擾，用自己的舌頭品一品酒味，並訴諸體內的「最高法庭」。也只有這時，他們才可以開始說「我喜歡它」或「我不喜歡它」。這和我們仰賴習慣得出的結論是不同的。有自己的見解，有自己獨立的想法，說自己的話，是實現一個人自我連續過程的一部分。

第四，如果你有懷疑，就誠實地說出來，毋須加以隱瞞。生活中當我們產生懷疑時，往往不誠實，他們在作秀，在裝模做樣，他們並不是很輕易地聽從「誠實」的勸告。在許多問題上反躬自問都意味著承擔責任。鮮少有人研究過這類責任問題，我們的教科書中也沒有這一問題的地位。誰會研究白鼠的責任呢？但在心理治療中，這幾乎是可以觸摸到的一部分。在心理治療中，你能看到它、感覺到它，能知道責任的份量。於是，你清楚地理解了責任的內涵，這是重要的步驟之一。每次承擔責任就是一次自我實現。

第五，不帶自我意識的經驗實際上就是完全地傾聽自我，一個人只有勇於真正地傾聽自己內心深處的聲音，能夠時時刻刻做到這一步，能夠鎮定自若地說「我不喜歡這樣」，他才能做出正確的選擇，才能懂得自己的命運。

對青年人而言，這種情況表現得特別明顯。比如，在大型的搖滾音樂會上，出現的都是一些奇怪的電子音樂、一些超現實或頹廢派的舉動，絕大多數人都無法明白其中的涵義，甚至連其中到底有沒有涵義都不清楚。一些人目瞪口呆，一些人加入進去。音樂會結束後，大多數人會說幾句俏皮話而不是真正表達出自己的想法，比如說自己原本是看不懂的，一般不會提到自己的困惑，對音樂有亂七八糟的感覺。因為如果說了這話，就意味著自己與眾不同，會不受歡迎。要有勇氣而不要怕這怕那，這也是自我實現的另一種說法。

第六，自我實現是在任何時候、任何程度上實現個人潛能的過程，而非一種結局狀態。例如，你是一個聰明的人，自我實現就是透過學習變得更聰明，就是運用你的聰明才智。當然，這並不等於說要做一些遙不可及的事，而是說實現一個人的可能性往往需要經歷勤奮的、付出精力的準備階段，如同在鋼琴鍵盤上的手指鍛鍊。自我實現可以是努力做好你想做的事。只想成為一個二流的專家，那不是一條通向自我實現的正確途徑，你應該要求自己成為第一流的，或要求竭盡自己所能。

第七，高峰經驗是自我實現的短暫時刻，是讓人心醉神迷的時刻。你只能像劉易斯所說的那樣「喜出望外」，卻無法預測自我實現什麼時候到來。但是，我們能設置條件，使出現高峰經驗的機率更大。破除一個錯覺，擺脫一個虛假的想法，知道自己不善做什麼，知道自己的潛能不是什麼，這些也是構成發現你實際上是什麼的一部分。

第八，必須弄清楚，對自己而言，自己是什麼樣的人，自己喜歡什麼，不喜歡什麼，什麼對於自己是好的，什麼是不好的，未來可能是什麼樣的，以及自己的使命是什麼——向自己展示自己，這就意味著對自己的防禦心理進行識別，並有勇氣解除它。這麼做是痛苦的，因為防禦是針對某些不愉快的事樹立的，但同時也是值得的。如果說心理分析文獻沒有教授我們別的東西，至少已使我們懂得——壓抑並不是解決問題的上策。

總之，自我實現不是某一種偉大時刻的問題，並非在某一天的某一個下午，一個神祕的召喚便永恆地把我們帶入天堂，自我實現是一個點點滴滴的積累，他們傾聽自己的聲音，承擔責任、忠誠、誠實，勤奮工作，不斷成長。

自我實現者的生活哲學

按語：

對自我實現的人，馬斯洛認為可按其程度分為兩類：一類人是明顯健康的，但很少或沒有超越經驗，如羅斯福夫人、杜魯門和艾森豪；對另一類人而言，超越經驗在他們那裡至關重要，甚至具有核心的意義，如阿道斯·赫胥黎、施魏策爾、布伯和愛因斯坦。健康型自我實現者和超越性自我實現者擁有不同的生活哲學。

馬斯洛認為有必要在兩種自我實現的人之間做區分，若用更恰當的說法，應該是兩種程度：一種人是明顯健康的，但很少或沒有超越經驗；對另一種人而言，超越經驗在他們那裡至關重要，甚至具有核心的意義。作為前一種健康型的自我實現者，典型的人物可以列舉羅斯福夫人，或許還有杜魯門和艾森豪；作為後一種超越型的自我實現者，有阿道斯·赫胥黎，或許還有施魏策爾、布伯和愛因斯坦。

但是對於超越經驗，馬斯洛發現，不僅自我實現者能超越，不健康的人、非自我實現者也有重要的超越經驗。不僅在自我實現的人中有對超越的認識，在富有創造力或才華的人中，在很聰明的人中，在非常堅強的人中，在強而有力又負責任的領導者和管理者中，在善良、有道德的人中，在那些曾克服逆境並由此變得更堅強的「英雄」人物中，也都有這樣的認識。

需要弄清楚的是，超越性自我實現者是馬斯洛所說的「高峰人物」而不是「非高峰人物」，是「說 Yes 的人」而不是「說 No 的人」，是對生活採取積極而非消極態度的人，是渴望而非厭倦生活的人。

健康型自我實現者主要是更實際、現實、入世、能幹和超凡脫俗的人，他們經常生活在現實的世界，生活在馬斯洛簡稱為「匱乏的王國」，生活在匱乏需求和匱乏性認知的世界。這種世界觀主宰下的人，主要是以一種實際的、具體的、現實的、實用的方式來看待人或物，把客觀世界的人或物當作匱乏需求供應者或阻撓者對待，或作為有用或無用，有幫助或有危險，對個人需求重要或不重要來看待。

這裡所說的「有用」既指「對生存有用」，又有「從基本匱乏性需求向自我實現和自由的高度成長」的涵義。更具體地說，它代表一種生活方式和一種世界觀，不僅由基本需求的系列所引起，而且也來自個人潛能發揮的需求。前一種需求包括單純的軀體生存需求，安全和保障需求，歸屬、友誼和愛的需求，敬重和尊嚴的需求，自尊和價值追求的需求；後一種需求則為同一性、真實自我、個體特徵、獨特性、自我實現等需求。換言之，它涉及的不只是一個人的人類共性，還有一個人特有潛能的實現。這樣的人生活在世界上，在世界達到自身的完善。他們能有效地把握環境，引導環境，並利用環境達到有益的目的。例如健康政治家或實務家的作為。這些人往往是「實務家」，而不是沉思者或冥想家；他們是有效率、重實際的，而不是審美的；他們重視現實檢驗和認知，而不重視情感和經驗。

另一種類型的超越者，可以說更頻繁地意識到存在認知，他們生活在存在水準，也就是目的水準、內在價值水準；他們更明顯地受超越性動機支配，他們或多或少能有統一的意識和「高原經驗」——指對於感受到的敬畏和神奇做出平靜的、穩重的反應。與高峰經驗相比，它沒有那麼強烈的感情色彩。相反，它含有更多理性和認知的成分，也更多出於意志的行為。例如，一個母親靜靜地坐著，照看她的小寶寶在地上玩耍；有或曾有過那種神祕的、神聖的、極度歡樂的、讓人心醉神迷的高峰經驗，並伴隨著啟示、認識或高見，能改變他們對世界、自身的看法。這一切對他們而言，也許是偶然的，也許是經常性的。

這些便是兩種不同程度的自我實現者的生活哲學。

自我實現者的愛情藝術

按語：

英國大文豪莎士比亞曾說過：「愛情是生命的火花、友誼的昇華、心靈的吻合。如果說人類的感情能區分等級，那愛情該是屬於最高的一級。」自我實現者的心也會因為愛情而顫慄，但對於自我實現者而言，他們所關心的是相愛對象的性格特徵，而非身體特徵、教育程度、金錢或是社會地位。自我實現者透過認識的標準，同時也透過意動的標準來合理地選擇愛人。他們根據冷靜的、理智的、恰當的考慮而直覺地、衝動地被適合他們的人所吸引。

自我實現者有極其敏銳、豐富的感受力，他們比一般人更有效地看出真理、理解現實，而不論這些現實有無結構，是否帶有個性。

在愛情關係的領域，自我實現者的敏銳性主要表現在對性愛伴侶的一種極佳的審美趣味和感受力。

我們知道，愛情主要是由溫柔、摯愛的情感所構成。一個人在經歷這種情感時可以感到愉悅、幸福、滿足、洋洋得意，甚至欣喜若狂。我們還可以看到這樣一種傾向，施愛者總想與被愛者更加接近，關係更加親密，總想觸摸他、擁抱他，總是偏向他、袒護他。而且施愛者總覺得自己所愛的人是善良的、美麗的、富有魅力的。總之，打從心底感到幸福。只要看見對方或與對方相處，他都會是愉快的。

現實生活中，有一種很普遍的觀念——認為愛情是盲目的，換言之，即戀愛中的人往往把熱戀中的伴侶看得太完美。對於一般人而言，這可能是適用的，尤其是當一個人本身存在某些外表缺陷時，一般人恐怕不太願意接受其愛情、與他結成終身伴侶。但對於自我實現的人而言，則未必如此。已經有資料證明，自我實現的人的感受在愛情中更為敏銳。愛情使得施愛者在對方身上看到一些別人忽略的特質，因為自我實現者的人能夠愛上一些普通而特殊的東西。更直接地說，自我實現者能夠愛上一些別人不願意或不敢愛的人。

奧斯瓦爾德·斯瓦在《性心理學》中曾有精彩論述：「愛情賦予愛者的這一神奇的功能，在於那種能夠在對方身上發現一些他實際上具有而未受愛情鼓舞的人看不見的優點的能力，這一點不能強調得太過分。愛情不是自我欺騙。這些優點並非一個用幻想的價值觀把所愛的人裝飾起來的施愛者所創造的。」

毋庸置疑，在這裡有著強烈的情感因素，但愛情基本上是一種認知活動，是把握人格內在核心的唯一途徑。因為有明確的缺陷而愛別人所不願愛的人，人類極容易錯誤地認為這種愛是盲目的。實際上，這種愛情對於缺陷並非是盲目的，它僅僅是忽略了這些可以感受到的缺陷，或者根本就沒有把它們視為缺陷。對於自我實現的人而言，外表的缺陷和經濟上的、教育上的、社會上的缺陷，遠遠沒有在性格上的缺陷那麼重要。自我實現者可能深深地愛上那些外表不那麼好看的伴侶。許多人把這稱為盲目，而我們卻完全可以將其稱為良好的審美趣味或感受力。

對於愛情，有充分的資料反駁「同配生殖」和「相反可吸」這兩種普遍理論。

（一）同配生殖

事實上，同配生殖是一種與誠實、真摯、慈愛和勇敢一些性格特徵相關的規律。在較為外在的、表面的特徵方面，在收入、社會地位、教育、宗教、民族背景、外表方面，自我實現者同配生殖的程度顯然比一般人要低得多，他們不受差異和陌生的威脅。他們的確對此感到好奇，但他們遠不像普通人那樣需要熟悉的口音、服飾、食物、習俗以及儀式。

（二）相反可吸

至於相反可吸，這種在一定範圍內適合於我們的研究對象，充分體現出他們誠實的欽佩那些自己不具備的技藝和才能。這樣的理論體現在一些比較健康的男女大學生身上的發展過程。他們越是成熟，就越不被如漂亮的臉孔、豐滿的上圍、挺翹的臀部、強壯的肌肉、高挑的身材、勻稱的體態、優美的脖頸等特點所吸引，他們更講究彼此適合、相互體貼、誠實善良、彬彬有禮

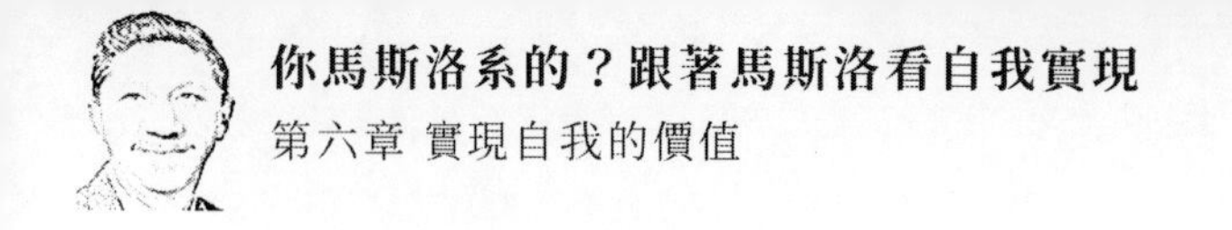

和良好的夥伴關係。他們甚至可以和如肥胖、不夠英俊、體毛濃密等外表特徵的人相愛。他們所關心的是相愛對象的性格特徵而非身體特徵。

這就是健康人更高的人生趣味，健康人的審美需求。這些例證說明那個古老的衝動與理性、理智和情感之間的二元分歧得到了解決或被否定。這些人都是透過認識的標準，以及意動的標準來合理地選擇所愛的人。他們根據冷靜的、理智的、恰當的考慮而直覺地、衝動地被適合他們的人所吸引。他們的意願同他們的判斷相一致，是互相合作而不是互相違背的。

那麼，愛情的終極經驗是什麼呢？聖貝爾說得十分貼切：「愛情並不尋求超越自身的原因，也不尋求限度。愛情是其自身的果實，是其自身的樂趣。因為我愛，所以我愛，我愛，為的是我可以愛……」

我們在健康人那裡看到的愛情必須用自發的欽慕來加以描述，必須用我們在被一幅優秀畫作打動時所經歷的那種感受、那種不求回報的敬畏和欣喜來加以描述。可以肯定的是，健康人是以一種由激動轉變為感激的反應方式而彼此相愛的，就如同第一次欣賞美妙的音樂就愛上它一樣。他們對於音樂感到敬畏，為音樂所征服而愛上音樂。即使事先從未想過會讓音樂征服，情況也會如此發展。荷妮在一次演講中表示，愛他人本身就是目的，而不是達到目的的手段，並且以此來界定非神經質的愛情。伴隨而來的反應就是享受、欽慕、感受樂趣、關照和欣賞，而不是利用。

對自我實現的人而言，他們愛，因為他們是愛他人的人，正如他們和藹、誠實、不做作是因為他們本性如此。這些都是自發性的表現，就像一朵玫瑰之所以散發出芳香，並非是它願意散發出芳香；一隻小貓之所以優雅，並非是牠願意優雅；一個小孩子之所以幼稚，並非是他願意幼稚。

用哲學語言來說，自我實現者的愛情是存在的，同時也是生成的。

經歷高峰經驗

按語：

「高峰經驗」是馬斯洛很獨特的一個理論範疇，這一概念甚至在某種程度上已經超越了心理學的界限。馬斯洛在《宗教價值和高峰經驗》一書中，對許多人都曾有過奇妙的神祕經驗給出了他的看法，他認為這種神祕經驗是高峰經驗的一種。馬斯洛研究發現，當一個人處於高峰經驗的狀態時，他便處在生命中最健康、最輝煌的時刻，這時也是他達到自我實現的短暫時刻。「在他眼裡，整個世界都變得不同了」此時，一個人對世界的看法是如何的呢？與平時有何不同呢？這都是本節所要回答的問題。

馬斯洛在對自我實現的人進行研究時發現了一種很有趣的現象：大多數研究對象經常有某種近乎神祕的經驗，這種經驗可能是瞬間產生的、壓倒一切的高昂情緒，也可能是轉眼即逝的、極度強烈的幸福感，甚至是欣喜若狂、如醉如痴、歡樂至極的感覺——此時，「幸福感」一字已經不足以表達這種經驗。

在這短暫的時刻，他們沉浸在一片純淨而完善的幸福之中，擺脫了一切懷疑、恐懼、壓抑、緊張和怯懦。他們的自我意識也悄然消逝。他們不再感到自己與世界之間存在任何距離而相互隔絕，相反，他們覺得自己已經與世界緊緊相連、合而為一。他們感到自己是真正屬於這一世界，而非站在世界之外的旁觀者。例如，研究對象中有一位就曾經這樣說：「我覺得自己是一個大家庭中的成員，而不是乏人問津的孤兒。」

最重要的一點或許是，他們都聲稱在這類經驗中感到自己窺見了終極的真理、事物的本質、生活的奧祕，彷彿遮掩知識的帷幕一下子被揭開了。艾倫·華茲曾表達過這種感覺：「噢，原來如此！」這好像是我們艱苦奮鬥的終點，是我們渴望期待的成就，是我們願望理想的實現。每一個人都有過這種時候，即我們感到迫切需要某種東西，但又不知究竟是什麼，而這種朦朧模糊的、未能如願以償的渴望則可以透過這些神祕經驗得到最充分的滿足。產生這種經驗的人彷彿突然步入了天堂，實現了奇蹟，達到了盡善盡美。

透過對高峰經驗的研究，馬斯洛對自己往日對神祕經驗的看法有了改變。他以前總把接觸到的神祕經驗歸結為宗教迷信。與大多數科學家一樣，他對這些經驗嗤之以鼻，概不相信，並把它們通通斥為胡說八道。

然而，在研究自我實現的人的過程中，馬斯洛發現那些對他講述過或撰文描寫過此類經驗的人沒有一個是不健康的。這使他看到目光偏狹的正統科學家的局限性，他們不承認任何與現成科學相違背的情報資料是知識，也不承認它們是客觀現實。

這類經驗大多與宗教無關，至少從通常的迷信意義上看是如此。這些美好的瞬時經驗來自愛情，和異性結合，來自審美感受——特別是對音樂，來自創造衝動和創造激情——偉大的靈感，來自意義重大的頓悟和發現，來自女性的自然分娩和對孩子的愛，來自與大自然的交融——在森林中，在海邊，在群山中等，來自某種體育運動——潛泳等，來自和友人翩翩起舞時……

馬斯洛的第二點發現是，這類經驗都是自然產生，絕非迷信。因此，他不再把這類經驗稱為「神祕經驗」，而改稱為「高峰經驗」。

馬斯洛認為，人類完全可以對這類經驗進行科學研究。它們屬於人的知識範圍，而不是什麼不可思議的祕密。它們存在於這個世界中，而不是超乎於世界之上。它們不是神父特有的本領，而是全人類共同的感受。它們不再是宗教信仰的問題，對於它們的研究，完全是出於人的好奇心，出於對知識的追求。馬斯洛認為，從歷史的角度來看，科學史就是一門又一門的科學從宗教中誕生分化出來的歷史。而從高峰經驗所具有的最美好、最深刻、最普遍、最人道的意義上看，這類經驗倒也可以被視為真正的宗教經驗。

因此，在馬斯洛看來，對高峰經驗的研究可能產生一個最重要的結果，即把宗教拉到科學領域中來。

馬斯洛的第三點認識是，高峰經驗通常比人類預期的要普遍得多。它們不僅在健康人中產生，也在一般人甚至在心理病態的人身上出現。事實上，幾乎每一個人都有這種經驗，只是人類有時不能認識或接受罷了。如果透過恰當的方法詢問和鼓勵，每一個人都會承認自己有過高峰經驗。且只要坦誠地談論這種經驗，便可以使人類將深藏心底的各種祕密的高峰經驗表現出來。這些經驗過去從未向他人提及，甚至人類自己也從未察覺。為什麼我們要羞於提及這種經驗呢？既然這種經驗是美好的，為什麼我們要試圖掩蓋呢？馬斯洛認為，這可能是緣於某種人類所不了解的原因吧！

高峰經驗的特點與健康心理的特點之間有許多吻合之處，如更完善、更有活力、更具個性，較少抑制、焦慮等。馬斯洛一直傾向於把高峰經驗稱為自我實現或健康心理的短暫插曲。因此，馬斯洛認為，幾乎每一個人——甚至是那些病入膏肓的人——都有心理健康的時刻。

馬斯洛發現，高峰經驗的產生有許多根源，並能在任何一個人身上發生。在任何情況下，只要人類能臻於完善，實現希望，達到滿足，諸事順心，便可以經常產生高峰經驗。這種經驗可以產生於非常平凡的生活裡。但也有這樣的情況——有的情形哪怕重複上千次，也產生不了一次高峰經驗。

里爾克曾經在給一位年輕詩人的信中寫道：「假如你感到生活貧乏，不要抱怨生活，應該責怪自己，因為你自己還沒有足夠的詩人才華，將生活中的豐富內容概括表達。在創造者的眼中，沒有什麼是平淡無奇、無關緊要的。」這段話在某種程度上揭示了高峰經驗的真諦，同時也是生活的真諦。

一位年輕的母親在廚房裡為丈夫和孩子準備早餐而忙碌。這時窗外陽光明媚，孩子衣著整潔漂亮，一邊吃東西，一邊嘰嘰喳喳地說個不停；丈夫也正輕鬆悠閒地逗弄孩子。當她歇息時，看到這一切，突然為他們的美所深深感動，一股不可抑制的愛籠罩了她的整個心靈。她產生了高峰經驗。

有時人類也可能經歷一些比較輕微的高峰經驗。例如，對一個男子而言，這種經驗可能產生於他與友人共進了一頓美好的晚餐，然後點上一支高級雪茄的時候；對一位女士來說，她可能在幻想和情人久別重逢或者回憶初戀時的美好歲月時進入這種經驗。

顯然有多種途徑達到讓人心醉神迷的經驗。它們並不是什麼離奇幻想、神祕莫測的經驗，人類也不需要經過若干的訓練和學習後才能獲得。這種經驗也不僅僅為那些在特殊的優雅環境中深居簡出的人所專有，如僧人、聖徒等。這種經驗不只是發生在遠方，或某個特殊訓練的人，或經過專門挑選的人。在任何行業中的任何人都可能在生活中得到這種經驗。

經過對高峰經驗的一系列研究，馬斯洛得出了一個結論：儘管產生高峰經驗的刺激因素各有不同，彼此的主觀經驗卻十分相似。我們平時可以見到大量描述此類經驗的詞彙：神祕經驗、宇宙意識、海洋經驗、審美經驗、創作經驗、愛情經驗、性經驗、覺悟經驗等，它們全部交叉重疊，具有相當程度的類似性，甚至是同一性。

高峰經驗能否隨心所欲地產生呢？答案是否定的。高峰經驗的來臨，都是以毫無預見、突如其來的方式發生的，是喜出望外的。這種經驗就像全身的幸福感一樣，往往是作為一種附帶產品出現。我們可以根據以往的經驗來使這種經驗更容易產生，比如，音樂、性生活，或是某項熱愛的體育活動。但是，沒有一條途徑可以確保產生這種經驗。你可以遵循如下途徑：對萬事萬物具有充分的信賴，順其自然，不加干涉，放鬆自己，盡力體會生活中的美好，高峰經驗便會應運而生。

一個人處在高峰經驗的時刻時，他的心理、主觀感受、對世界的看法都會呈現不同於平時的特徵。這些特徵主要有：

（一）處於高峰經驗中的人，就其自身而言顯得更加和諧完整，更少割裂與分裂自身，更多行動協調，大大減少內心的矛盾與衝突，更清楚知道自己需要什麼，應當做什麼，能更有效地把握自己。

（二）處於高峰經驗中的人，通常感到自身處於力量的巔峰，正在最佳和最充分發揮自己的潛能。用羅傑斯的話來說，個體感到自己「在充分地發揮作用」。

他感到自己比其他時候更加聰明、更加敏銳、更加機智、更加強健、更有風度，他正處於自身的最佳狀態，一種如箭在弦、躍躍欲試的狀態，一種最高的競技狀態。這種情況不僅是主體的感受，且能被旁觀者所目睹。他不再浪費力量與自己搏鬥，不再壓抑自己，肌肉不再和肌肉抗衡。在一般情況下，我們只有部分能量用於行動，部分用於抑制這些能量的發揮，而現在不再有浪費，全部能量都用於行動。這時，他不再需要拿出一部分精力來控制他多餘的小動作，他可以全力以赴投入行動。

（三）處於高峰經驗中的人，他的行動會變得輕鬆自如，就好像「找到了感覺」，有過打籃球經驗的人都會體會到這一點，平時需要經過辛苦努力才剛剛好能完成的艱難任務，現在做起來得心應手。

此時，他表現得胸有成竹，似乎完全明白自己的一舉一動，沒有懷疑和躊躇不前。此時，他的行動招招命中要害。優秀的運動員、藝術家、創造者、領袖人物處於最佳狀態時，言談行事都具有這種特點。

（四）處於高峰經驗中的人，比任何時候更富有責任心、主動精神和創造力，更加感到自己是原動力，是決定者。他是自己命運的主宰，是自己命運的主人。在旁觀者看來，他變得更加當機立斷，專心致志，毫不懷疑自己做事情的能力，因而顯得更可靠、更值得信任。

他現在不再是被環境所主導的，不再是被決定的、被支配的、無能為力的，不再是守株待兔、暮氣沉沉的弱者。他最大限度地擺脫了自己性格、價值觀中的消極面，比如，抑制、畏懼、疑慮、控制、自責等。此時，他可以最大程度地表現出自己的天性。

（五）處於高峰經驗中的人，在一種特殊的意義上更具有創造性。由於更多自信和疑慮的消除，他能夠順其自然地形成個體的認知和行為。他能根據自己的任務、天職或遊戲的本質讓自己的行動處於明確無誤或游移不定的狀態。因此，此時他的行為更具有即席發揮、興之所至的特色，更具有無中生有、鬼斧神工的特色，更加新穎獨特，遠離陳腐平庸，不再束手束腳。他也更少準備、計劃、設計、預謀、練習、預測等，總之，絕非三思而後行。他的行為不為任何動機所驅使，不是為了追求什麼，不是為了達成什麼目的才去做的。他的行為沒有動機、沒有欲望、沒有目的，因為它們是突然出現、臨時創造的。

這些還可以用另一種方式來表達：處於高峰經驗中的人，達到了自己獨一無二的個性或特質的頂點。如果所有人在天賦上互不相同，在高峰經驗中他們更是特色各異。如果說人類在許多時候擔任的角色可以互換，那在高峰經驗中，這種互換的情況就變得很難發生了，人類變得難以替代。無論他們到底是什麼樣的人，無論「獨一無二的自我」到底意味著什麼，他們的特色在高峰經驗中的表現總是登峰造極的。

（六）處於高峰經驗中的人，或者經歷高峰經驗後的人，有一種三生有幸的特殊感懷。他們有一個共同的反應，就是感到「受之有愧」，上蒼對於人類的賜予是如此豐厚。

經歷高峰經驗的普遍結果是一種感恩之情的生成，這種感恩如信徒對於上帝，普通人對於命運、對於自然、對於人類、對於過去、對於父母、對於世界、對於曾有助於自己獲得奇蹟的一切感激之情。這種感激之情可以轉化為一種敬仰、報答、崇拜、頌揚、奉獻等反應。

這種感恩之情常常表現為一種擁抱一切的、對於每個人和萬事萬物的愛，它促使人產生一種「世界何等美好」的感悟，導致一股為世界行善的衝動，一種回報的渴望，甚至一種責任感。

高峰經驗並非經由策劃安排所引發，它們往往不期而至，人類常因高峰經驗而「喜出望外」。在高峰經驗中，我們常有驚訝和意外之感，以及那種「豁然開朗的震動」。

和尚能夠自我實現嗎

按語：

儘管馬斯洛清楚地認識到自己關於自我實現的例證都來自於生活在西方世界的人，但他仍然相信自己的理論具有跨文化的有效性。公元一九五〇年代，馬斯洛對於東西方不同文化中自我實現的種種差異，提出了富有洞察力的推測。

東方文明中的出世者，如禪師、和尚等，是否比西方文明中的自我實現者在感情上更加和諧呢？答案很可能是肯定的。但是，東方和尚的精神和諧只發生在一個很狹小的範圍內，還沒有達到既在自身內部協調，又與複雜的外部世界相統一的境界。為了精神的和諧和寧靜而放棄外部世界，也就是拒絕和逃避這個世界，這歸根到底還是一種不真實的形式。

為什麼這麼說呢？

在東方文明中，諸如佛教和尚這類人的自我修行，是以他人不能夠這樣做為代價的。換言之，佛教和尚必須從世界上其他辛勤工作的人那裡得到物質支持，他們憑藉不斷的化緣來維持生活。

這種情況使我們想到某些人偽善地拒絕殺生，卻從不拒絕吃肉，而這些肉恰恰是透過別人的屠宰勞動才能得到。因此，這些純粹從事精神活動的人只能透過乞討來謀生，他們從不對他人與這個世界有任何實際貢獻，而僅僅是索取。

擁有這樣一種虛假的、建立在別人的「不健康」基礎之上的精神「健康」，就如同建立在奴隸制基礎上的古希臘民主制一樣，是那麼地不堪一擊。這也有點像那些有大腦疾病的人，他們透過扭曲和縮小自己的生活範圍來避免焦慮，要求別人一刻不停和寸步不離地看護。或者像那些被過度保護、過分看管的孩子，以及強加在地中海婦女身上既現實又愚蠢的物質性安全措施。又或者像十六世紀法國哲學家伏爾泰，他的哲學看起來嚴密而無所不包，但是對於里斯本的大地震，他那非常自信的樂觀主義卻不由得轟然崩潰。

毋庸置疑，東方和尚所達到的這種自私的情感整合，會不可避免地引起內心失調和人格分裂。以輕視、忽略，甚至否認他人的艱辛為代價而獲得的個人安靜到底有何價值呢？獲得內在寧靜的基本條件就是保證他人寧靜。

這個原理與純精神領域內所有的「自我主義者」都具有重要意義。我們必須考慮內在世界對外在世界的依賴性，這是一個真正的、絕對必要的挑戰。

同樣的原理也適用於僧人的獨立生活。這種生活方式無疑為避免婚姻與家庭生活中的諸多煩惱提供了一條途徑。不可否認，不對任何人負任何責任當然可以使人獲得寧靜。但是，這樣的生活同時也意味著放棄進入更高境界的機會。在有組織的宗教中，獨身生活基本上是一種保證平安的手段，並沒有促進成長的作用，它試圖避免危機，而非勇敢地面對和戰勝危機。

整個分析的線索是沿著這樣的方向進行的，東方僧人對外部世界適應是透過「腦白質切除術」，對一切加以「了斷」，而不是透過不斷擴大自己的控制力，使自己變得越來越優秀以適應這個世界。顯然，後一種方式比透過迴避問題來適應社會的要求和責任更為「成熟」。

下面，讓我們用另外一個同樣有效的真理對上述原理進行一些補充，以達到一種平衡。即個人的拯救不能僅僅依靠外在的世界。也就是說，佛教徒所主張的個人內心的平靜是外部世界的安寧的必要條件，正如西方人認為後者是達到前者的必要條件一樣，兩者都是正確的。

我想起了作家卡爾·桑德堡有關美國西部拓荒者的一個寓言。

拓荒者非常渴望和平而友好的鄰居。一次，他們在路上遇到了一隊迎面走來的旅行者，這些人正準備露營。一個拓荒者對過來的隊伍說：「我們剛離開我們以前的鄰居，他們很不友好，很令人討厭，你們那裡的人怎麼樣呢？」一個旅行者回答：「完全一樣。」另一個拓荒者和正在準備帳篷的另一個旅行者談了起來，拓荒者問旅行者：「我們從前的鄰居，非常熱心，也非常善良，你們那裡的人怎麼樣呢？」旅行者回答：「完全一樣。」

卡爾桑德堡的寓言似乎想說明這樣的現象：別人的態度總是像一面鏡子，反映著我們自己的人格。在一個沒有愛的地方，你應該怎麼做呢？首先要做的就是使自己去愛，因為你也曾是這無愛世界中的一員。

你並不是外界法則的犧牲品，只是內在原因的犧牲品。一個充滿敵意的人，即便生活在烏托邦裡也會充滿敵意，甚至會去毀滅理想的世界——除非他先被改變。

因此，我們正面臨一個巨大的挑戰——如何把東西方文明中關於自我實現與內在和諧的觀念結合起來。一個好的世界有助於一個優秀的人表現出優秀的特質，它有助於創造出好的孩子，而孩子今後有更大機率成為優秀的人類成員。

第七章 破譯開明管理

「人本管理」廣義上是指一種開明的管理。在一個組織內，每個人的成長和創造力的發揮與這個組織的產品、服務品質，乃至整個組織的健康發展都密切相關。管理最根本的就是對人的管理，故如何調動起員工的積極性，如何最大程度地挖掘員工的潛能，是企業在競爭中取勝的關鍵。

管理是一門微妙的人文藝術

按語：

管理的首要技巧並非是技術的，而是人文的，即管理是一門微妙的人文藝術。因此，衡量經理人員的最主要標準，應該是他的人文素養，是構成領導能力的無形的個性特質。

管理功能被頻繁地作為一種純粹的技術領域加以定義和實踐，換言之，把各個技術專家以及受過專業訓練的職業人士的各種技術和知識聚集、統一。但是，對於動態管理的首要藝術——提供激勵人類去行動的理解和認同——卻知道的很少。在馬斯洛看來，管理的首要技巧並非是技術的，而是人文的，即管理是一門微妙的人文藝術。因此，衡量經理人員的最主要標準，應該是他的人文素養，是構成領導能力的無形的個性特質。

廣義管理的核心是什麼呢？或許我們可以用下面這句話來表述：管理更多的是一種對生活的人文看法。良好的管理建立在對員工的動機、擔憂和恐懼、希冀和渴望、愛好和厭惡，以及人性醜陋面和美好面的理解能力的基礎之上。具備這種能力，你就可以激勵員工，幫助他們明確自己的目標和需求，幫助他們逐步找到實現這些目標的途徑。

管理藝術是領導能力的一種高級形式，它所追求的目標就是把完成某一工作的具體行動和蘊藏在這一行動背後的意義結合起來。經理人員的個性必須符合實務家的精力充沛、腳踏實地，以及藝術家、宗教領袖、詩人的敏銳感覺、洞察力，唯有如此，他才能讓其他人認清自己，也才能激發人類身上足以成就偉業的不可思議的潛能。單純的實務家和單純的思想家，這兩種人在我們所置身的世界都無法遊刃有餘，只有把這兩種特質結合在一起，才能夠有效地面對挑戰，才能夠滿足這個世界對領導能力的需求。

世界正在日新月異的變化，管理的變化也是一日千里。如果一個經理沒有創新思維，他在二十年後，甚至十年後，就可能慘遭時代淘汰，他無法拋棄那些在十年、二十年之前構成領導能力的管理技巧，而隨著時間的推移，這些技巧絕大部分已經陳腐不堪。因此，追尋管理的本質，探索適應這個不斷變化的社會的新型管理模式的基本內涵，是勢在必行的任務。

馬斯洛認為，如果常常借助於精確的數學方法和愈來愈複雜、深奧的系統分析技巧，是很難完成上述任務的。因為管理的主體是人；管理的目標則是激發人類的心靈、欲望及想像力。

在此，我們有必要提醒自己——管理並不真正存在。管理只不過是一個術語、一種觀念，僅是一個抽象的概念。但是，負責管理的經理卻是真實存在的。經理並不是抽象的，他們是活生生的人，是有著某種獨特風格的特殊類型的人。這個群體中的每個成員都擁有一項特殊的使命：領導、挖掘以及激發其他人的潛能和夢想。

描繪和界定這一特殊人群是非常重要的。要達到這一目的，我們的唯一途徑是認識加在這些領導者身上的本質，認識到因他們身負領導他人的職責而不得不面對的壓力。在此基礎上，我們就可以了解經理所必須培養和具備的人文素養的種類，以及這些人文素養、人文資源是怎樣使得這些領導者區別於其他類型的領導者。

馬斯洛始終堅信，管理活動無疑是所有人類活動中最為豐富、費力、複雜且微妙的活動。此外，它也是最為關鍵的活動。

在呼籲新型的管理理念和領導能力時，我們並不是要求大家耐心等待新型的超人或某個菁英的出現。因為周圍早已存在大量的、我們所定義的那種管理資源，只不過有待我們進一步挖掘、培育、激發、鼓勵，或者更確切地說，是有待釋放出來。

領導能力的本質就是它能夠經由不斷地複製和激發而產生新的領導能力。領導者必須能夠發現他人身上的領導潛能，他必須幫助他們把這種潛能激發出來，並想方設法地擴大他人的視野，從而培養他們的自信心和積極性。

但是，在著手進行發展他人能力的這一基本步驟之前，他必須清楚認識到這是他任務中最關鍵的部分。如果他認為這一點無足輕重的話，那他在採取行動時的態度也必定是漫不經心、敷衍塞責。只有在他把這一點看得重於一切時，他才能夠真正領悟到那種在發展員工領導能力的同時，也發展其領導能力的管理活動的精髓和本質。

馬斯洛在實踐中曾多次目睹了它的神奇魅力，或許這是最激動人心的一幕，它帶給我們的震撼甚至超過看到一座雄偉的大壩崛起於險峻的峽谷之間。這是一家大型工廠馬達的轟鳴，因為這裡激發和釋放了人類所蘊藏的無限潛能。

一個成功的新型經理的基本特徵是他理解自己所擔負職責的本質——他所從事工作的性質，這個職位對他的要求，他所得到的廣泛的切身經驗，以及這份工作與世界上任何一份工作的不同之處。簡言之，他必經明白自己是一個什麼樣的人。倘若他不能理解自己的話，也就無法履行他對別人的重要職責——向他們解釋他們的生活中發生了什麼，怎樣才能改變這種狀況——因而無法發揮那種能夠激發員工熱忱的領導才能。

經理自身必須先對這種從事世界上最急迫、最重要工作的開拓型經理的概念有一個全面的認識。因為那種受到限制的技術方法，那種因循守舊的傳統管理理念，那種純粹的數理統計和精細分析傾向，都將導致管理這門人文藝術的失敗。

解讀企業內部各種「氣候徵兆」

按語：

處於惡劣環境下的員工會產生種種的反應，為了表達心中的憤怒，他也許會用各種惡劣的手段刻意去除他的人性。他的敵意只是為了脫離被剝削的

情況。換言之，當尊嚴受到壓抑時，這種憤怒的回應更凸顯人類對尊嚴的強烈需求。在此，希望企業的管理階層意識到一個事實：外部控制以及懲罰的威脅並不是使員工努力完成集體目標的唯一手段，員工會為了他所努力的目標而自我指導、自我控制。

管理是一門微妙的人文藝術，但事實上，在企業裡很難避免剝削人性尊嚴的情形。我們該如何排除種種不利的因素，盡力維護員工的尊嚴和自尊呢？

首先，讓我們來看一看員工的動機層面與自尊需求的對應關係。

動機層面與自尊需求的對應關係

人類避免	成爲無名之輩（而非名留青史的人物）	被人看成是滑稽的人（猶如一件物品，被視爲一件物質性的物品，而非一個人；如物品般的被標明，而非獨特的個體）
被操縱	不被贊同	被命令
被要求	不被尊敬	被強迫
被排擠	不受畏懼	被使喚，被利用，被剝削
被別人決定	不當回事	被控制
		無助，抱怨，順從
被誤解	被取笑	
		一個可以替換的人

我們可以澄清和簡化管理論中似懂非懂或仍在成形階段的內容，以對動機的自尊層面有廣泛而深入的了解。在某種意識程度上，每一位員工似乎都意識到一個事實：

獨裁式的管理對員工的自尊心造成了極大的傷害，員工在忍無可忍的時候，會以強烈的敵意和有意的破壞心態，做出各式各樣的反擊以維護自身尊嚴和自尊；員工也可能變得像奴隸一樣，採取陰險而狡詐的惡劣手段對付企業主。

管理者也許對此類反應感到不理解，但如果你明白這是在受控和不被尊敬的情形下，員工為維護自尊而採取的反抗措施，也就不難理解他們為何會有充滿敵意的反應了。

我們也可以從管理文獻中找出，讓所有受到支配的人對他們不喜歡什麼、避免什麼事，找出讓他們感覺失去自我尊重的原因。經過研究發現，他們主動尋找的是：

做一個帶頭向前發展的人。

可以自我決定。

自己控制命運，能自己設定計畫並且執行，直到計畫完成。

決定自己的行動。

預期自己會成功。

喜歡負責任或假設自己願意負責，尤其是為自己。

喜歡主動而非被動。

喜歡做為一個體而非一件物品。

感覺是一個可以自己作決定的人。

主動。

自發。

自我實現。

能力受到大家的肯定。

明確地區分尊嚴需求與自尊需求是很有必要的。尊嚴來自於別人，自尊則來自於自己。名聲、威望及掌聲是好的，對於兒童和青少年相當重要，特別在員工真正建立自尊之前。換言之，他人的尊敬與肯定是建立自尊獨一無二的基礎，對年輕人尤為重要。總之，真正自尊的基礎在於上述所提到的每一件事，在於一種尊嚴感，在於控制自己的生活，在於做自己的主人，之後再謹慎地處理尊嚴以及自尊的相互關係，並達到真正的成就、真正的技能、真正的掌聲，當然，相反則是不值得獲得掌聲。在此有必要強調一點，一個人必須真正「值得」他人的掌聲、榮耀、勛章，否則在潛意識水準上，心靈會受到傷害，產生罪惡感。

此外馬斯洛也認為，詳細說明受傷的自尊如何自我保護，這對許多人來說將大有裨益。我們應該去翻一翻約翰·達拉德的著作《南方的階級社會》，其中描述美國黑人生活在窮困潦倒之中，被踐踏、被遺忘，無法進行正面的反擊，被迫吞下心中的憤怒，仍然以消極被動的方式進行有效的反抗和爭議，而且還很有力度。

被奴役、被剝削的人以及受壓迫的人都會愚弄欺壓他們的人，事後又嘲笑他們，藉以達到反抗的目的，這是一種因為自尊的需求所產生的心理報復。

我要告訴那些企業經理人和主管，包括企管系教授或顧問，你們應該多多注意員工的反應以及所引發的憤怒情緒，這極可能是由於被剝削、被支配、不受尊重而引發的憤怒。

現在，我要提出一個問題：「當你被視為只是一個隨時可被替換的小角色、機器裡可有可無的零件、一件附屬品時，你該怎麼做？」在這種情況下，你的發展機會因此被剝削，不難想像你會因此感到憤怒、仇恨，掙扎著想逃離如此痛苦的境地。毫無疑問，沒有任何人性、合理而且可被理解的反應來對付這樣的境遇：一個把人發展機會全部抹殺的境遇。

如果我們問經理人、老闆或教授、顧問：「在這種情況下你們會怎麼做？假如你們不被當人看時，心理感覺如何？如果你們默默無聞，不被視為獨特的員工，而是一個隨時可替換的角色時，你們又會怎麼做？」通常，這些管理者的回答是：「我們不會因此而生氣，反而會更加認真地工作，努力脫離這種被人否定的狀況。」但是，這些經理人可能是想尋求升遷的機會而暫時委屈自己，把工作當作升遷的手段。

事實上，這樣的回答逃避了我們的問題，因為接下來我們會問：「如果你一輩子都必須這麼做？如果你不可能升遷？如果這是你此條道路的盡頭？」到這裡，這些身居高位的人，就一定會有不同的看法，也一定會用不同的眼光看待這一切了。

在馬斯洛看來，意志堅強、有決斷力的人可能是最有敵意、最具破壞力的人，他們的反應會比一般的勞工來得更強烈。因為後者已經習慣了這樣的環境，所以他們的敵意和破壞力並不全面。

上層管理者，都期望下屬能夠冷靜、平和地接受奴役、隨時可能被替代的狀況，對這一切不會有任何的不滿和憤怒。但如果將這些管理者放入同樣的境遇中，可能會立即引發一場革命。

經理人如果能認識到這一層次，他們應該很快就會拋棄已有的想法。因為他們已深刻地感受到一個人被視為可替換的零件時的痛苦。對這種情況有強烈體會的經理人，會產生害怕得發抖的感覺，對於受命運所迫、處於機械性情境中的員工，也會有較多的同情。他也會真正了解到，智能不足的人為什麼對於這種機械和一成不變的環境不會有任何的不滿。他還能要求所有人的反應都和智能不足的人一樣嗎？

在對自尊以及尊嚴的心理動力學有所了解後，將引起企業界的強烈重視。因為他們會發現：尊嚴、尊敬以及自尊的感覺，其實很容易給予，不需要付出任何代價。這是一種態度，一種深層的同情和了解，能自然地以不同的方式表達出來，並且為處在惡劣環境中的人保住尊嚴。

即使處於不幸的環境中，或每天重複做機械式的工作，如果有崇高的共同目標，或是員工的自尊不受到威脅，也是可以忍受的。其實，許多管理文獻的案例都證明了維持員工的自尊並不困難。

總之，處於惡劣環境下的員工會產生種種的反應。為了表達心中的憤怒，他也許會使用各種惡劣的手段刻意去除他的人性。他的敵意只是為了脫離被剝削的情況。換言之，當尊嚴遭到壓抑時，這種憤怒的回應更凸顯人類對尊嚴的強烈需求。

在此，我們要研究的問題是：「如何避免企業發生剝奪人性尊嚴的情形或減少它的發生？」事實上，以上情形在企業裡很難避免。在此種環境下，我們該如何排除種種不利的因素，盡力維護員工的尊嚴和他們的自尊？

馬斯洛不想確定任何改變這種狀況的規律，他只想透露一些訊息，保證管理工作高效率的重要原則是：在企業管理中，依據不同的管理環境和管理對象，適當地選擇和採取不同的管理方式。一旦確立了一些既定框架，就會為管理工作帶來一定的障礙，因為天下沒有包治百病的靈藥。

最後，馬斯洛希望企業的管理階層意識到一個事實：外部控制以及懲罰的威脅並不是使員工努力完成集體目標的唯一手段，員工會為了他所努力的目標而自我指導、自我控制。

適應未來發展的新型管理理念

按語：

在參考了阿基尼斯、羅格利克、萊克特等人的觀點後，馬斯洛提出了「適應未來發展的新型管理理念」——即理想管理或開明管理。馬斯洛指出，具備什麼樣條件的管理才是開明管理呢？可以假定，每位員工都希望充當積極的行動者，而不願扮演被動的助手，不願意成為被操縱賺錢的工具，更不願做隨波逐流的軟木塞……馬斯洛為我們列舉了三十六個假設，全面地論述了自己的觀點。

為了構成理想管理理念，我們有必要參考阿基尼斯、羅格利克、萊克特等人的觀點。

在馬斯洛看來，理想管理或開明管理應該是這樣的：

一、假設每位員工都是值得信任的

這並不是假定說這世界上每位員工都是可信任的，也不是說沒有人完全不可信任，我們應該正視員工存在差異性的現實。在良好的環境前提下，假定依據特定計畫而挑選出的員工是較成熟、健康，並且具有良好的修養。

二、假設每位員工都完全了解現實中的所有情況

在開明管理中，每位員工都擁有盡可能被告知所有事實和所有真相的權力。這是一項非常明確的假設——人類需要知道真相、事實，知道實情對他們來說是有益處的。真相、事實和誠實具有療癒效果，讓人備感舒服與親切。每位員工都渴望知情。

三、假設所有員工都有達成目標的激情

設想他們都是非常優秀的員工，厭惡浪費時間，反對沒有效率地工作，希望把工作做好。

在此，我們可以討論一下完形即完整形象或形體動機的理論。完形心理學家認為，學習是員工對整體的刺激環境做出的整體反應，而不是針對部分刺激而做出的分解式的反應，此外也可參考美國經濟學家和社會學家范伯倫所著的《工藝本能》一書。說明追求完美與改善不完美的衝動，事實上在大部分人身上不是缺乏衝動，就是衝動不足，但組織必須精於選擇擁有合理衝動的員工。為了避免出現任何不實際、過於樂觀或過於悲觀的情緒，必須了解哪類人是沒有衝動或衝動不足的人，包括：心靈破碎、無助、遭受打擊、創造力下降、心情煩燥、被迫關切日常生計、精神錯亂、精神病患者、毫無審美觀的粗人以及心智不完整的人等。

四、假設沒有叢林和獨裁環境中存在的支配——從屬階層

叢林觀盛行的環境，即弱肉強食的環境，開明管理的模式絕對行不通。

在這種環境下，所有人都轉化成斧頭和鐵鎚，小羊和大野狼等關係，那麼兄弟之情、共有目標和認同群體就變得異常困難，甚至是不可能的。應該有一種能力可以讓全體人類互相認同，使全人類融合在一起。集權獨裁者不認同任何人，至多只認同自己的族人。因此，在選擇員工時，獨裁者必須排除在外，除非已成功地改變了他們。

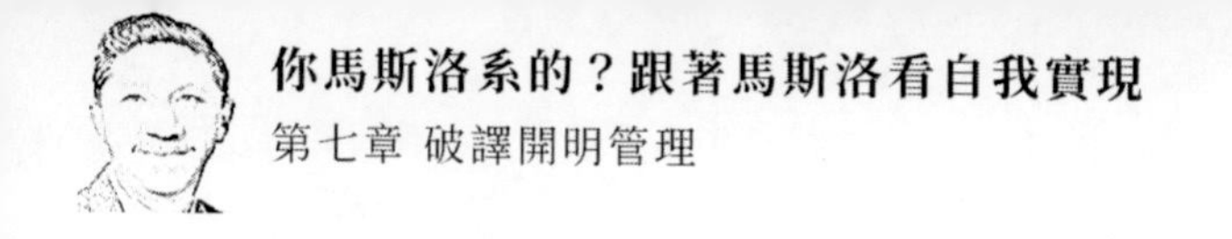

五、假設每位員工都有相同的終極管理目標，並且認同它

在此，很容易說清楚層次——整合原則如何取代極化——分化原則。舉個皮亞傑日內瓦小男孩的例子。小男孩知道某個人是日內瓦人或瑞士人，但他必須長大後才能明白某個人既是日內瓦人又是瑞士人的原因，他也才了解某物可與另一物整合或包含另一物。也許我們可以討論語意學者的多重價值和二元邏輯，例如「我願意為老路傑斯而死」。或者我們試舉軍人的例子，為了完成任務，即使犧牲性命也在所不惜，但每個人會依據自己的能力，尋找最佳的解決辦法。這是問題導向而非自我導向。也就是說，有人問：「什麼是解決問題或達到目標的最好方法？」而不是對他們自己說：「對我自己、對我的員工來說什麼是最好的？」

六、假設在組織內部，員工和員工彼此相處融洽

同胞爭寵指在同一家庭中，兄弟姐妹為了爭取父母的寵愛而相互嫉妒或競爭，這種行為充分說明良好但不成熟的衝動如何導致心理疾病。兒童需要母親的愛，但他有可能去仇視弟弟。不過，他並不是真正的仇視自己的弟弟，只是渴望擁有母親全部的愛。兩到三歲的幼童會對新出生的嬰兒進行攻擊，但他卻不會敵視別人家的嬰兒。由此可知，他並非敵視所有的嬰兒，只是對分去母愛的兄弟姐妹充滿敵視。當然，在他們長大以後，就會慢慢了解到，母愛可同時分給每一個孩子，但這需要一個相當程度的心理發展。擺脫組織或團隊的同胞爭寵行為，也必須具備高度成熟的人格。

七、假設存在綜效

我們常常認為，一個人得到的愈多，另一個人得到的就愈少。自私的人通常比不自私的人缺乏利他主義，但如果有相當的制度以及社會結構，改善這種情況是有可能的。綜效可以作為在自私和不自私，或自私和利他主義之間的差異的解決方案。我們可以建立一個組織，使每一位員工在追求自己興趣的同時，也能惠及他人，同樣地，當自己嘗試對別人有利或仁慈時，也會不由自主地使事情對自己有利或符合自己的興趣。

舉例來說，在印第安黑腳族裡，「贈予」就是一種綜效制度，借此他們可以獲得榮耀、尊敬以及關愛。每位員工或他們自己都可以看到，黑腳族族人可能會為了一年一度的太陽舞節慶的到來，而整年辛勤工作，並把賺來的錢存起來，為的就是在初夏舉行的太陽舞節慶中，端出一盤盤食物並分贈給族人。在這樣的施捨之後，他的口袋裡可能一毛不剩，但卻被看成是一個很富有的人。他們對富人的定義是：非常慷慨地將自己的財物或思想與別人分享。他不斷贏得別人的尊敬和愛，而使自己受益；他能透過智慧和努力向世人證明，他很快又可以變得非常富有。在他們的部落裡，最受尊敬的人通常是付出最多的人。

而在他付出所有東西之後，又將如何自處，如何生存呢？事實上，他擁有如此崇高的地位和每一個族人的尊敬，族人以他為榜樣而努力奮鬥，會因為能夠招待他而備感光榮。他被認為是個智者，他在爐火前教導孩童的行為被視為是聖賢的恩賜，因為他的技能、智慧、認真以及慷慨，不僅使自己受益，更能澤被他人。

在印第安黑腳族裡，任何一個人發現金礦，都會讓每一個人覺得快樂，因為他會和其他人一起分享這些珍貴的黃金。今日的社會恰好相反，人類往往在發現金礦後就趕快躲起來，與別人隔離，即使是自己最親近的人也不例外，因為他們只想到自己，壓根不想和別人一起分享這些金礦。

因此，如果要摧毀一個人，最好的辦法就是突然間給他一百萬美元，因為只有意志堅強且絕頂聰明的人，才有能力妥善地利用這筆意外之才。而大部分人，都會因此而失去朋友、家人，以及其他有形無形的東西，甚至在不知不覺中流失了他憑空得來的一百萬美元。

開明的經濟體一定要建立一套對所有人都有益的綜效性機制，當一個員工因某事受益時，其他人也會因其行為而受益。對企業有益的，與此同時也是對國家有益的；對國家有益的，也對這個世界有益；對自己有益的，也對別人有益。依此種標準，我們可以針對每一種社會制度進行有效的選擇與分類。這是一種非常有力，也非常精確的手段，每種社會制度都會因此而獲益。

哪種制度可達到綜效？哪些制度不行？根據杜拉克的理論，開明經濟體有助於綜效性管理原則的建立，遺憾的是，他們可能沒有意識到這點。

所謂「綜效」是指在某種文化背景下，對個人有益的事對每個人都有益。高度綜效的文化是安全的、有益的、高道德標準的。低綜效文化則不安全、衝突不斷且道德標準低。

在理想企業管理理論中，綜效概念愈來愈重要，因為我們發現太多的企業文化，是在犧牲他人的利益基礎之上，從而成就某位員工的成功。在馬斯洛拜訪非線性系統企業期間，親眼目睹這個由安德魯·凱伊以及其同事所辛苦營造的工作環境，是高度綜效的企業文化，這使他想起了自己對印第安黑腳族的研究工作。

事實上，馬斯洛對綜效這個制度的概念，大都是從印第安黑腳族得到的啟示，他們的文化無疑是一種綜效協同文化。馬斯洛也深深地意識到，現代文化和印第安黑腳族文化有著強烈的對比。

強調慷慨是這個部落最有價值的美德。累積財富和知識的人得不到讚美。只有把自己的財富、知識分送給同胞的人，才能在族裡獲得名望與安全。

經過不斷的測試，馬斯洛發現黑腳族人不會有自我懷疑以及自我意識的問題，然而身處激烈競爭環境的現代人卻常常有這方面的困擾。弱小族人不會遭遇白眼、排斥，每一個族人都非常清楚自己的優點和缺點，其他同胞不但不會排斥這些缺點，反而會把缺點看作是人性的一部分。

在黑腳族裡，從年輕時他們就很重視個人的責任感。父母從小就以關愛和支持的態度，鼓勵他們的孩子去做自己想做的事，讓他們生活在愛和引導的環境中。

作為整體部落的需求，黑腳族輕易地把族裡每一個人的需求相互結合起來。

黑腳族需要的不是擁有總體能力的領導者，而是依據不同功能選擇不同能力的領導者。於是，他們會擁有不同職能的領導人。主持太陽舞的最佳人選，並不一定是代表黑腳族人與政府溝通的最佳人選。他們視工作的需要去挑選具有特殊技能的專業領導人。這種領導人即所謂的存在型領導人。

在請求團隊合作的地方，領導者必須創造高度統合的組織，激發團隊合作精神，組織的目標必須和員工的目標相互結合。根據對統合文化的定義，我們是否低估了這項挑戰的難度？

八、假設組織內的員工都是健康的

從數量的角度來說，健康的程度很難量化。但至少不能是精神病人、精神分裂症患者、偏執狂、腦損傷病人、心智薄弱或過度熱心等心理不健全的人。

九、假設組織夠健全

馬斯洛認為應該有個標準來判斷何謂健全的組織。他不知道這個標準是什麼，但是，應該有人歸納出其中的原則，如果沒有，必須立刻進行。當然，某些原則必須與員工心理健康的原則重疊，不過兩者之間也不會完全一樣。從某種角度來評判，組織和員工是不同的，我們應該找出這些不同之處。

十、假設任何人都能客觀地、獨立地具備「崇敬的能力」

比如，以客觀的立場和超然的態度，稱讚他人的能力和技術，同時包括對自己能力和技巧的崇敬。

特別強調一點，沒有尼采式的憤怒，沒有對自己的怨恨，沒有對存在價值的敵意，不排斥真相、美麗、善良、公平以及法律、秩序等；或在對客觀事實的認知和尊重方面，至少不低於人類本性的最低限度，換言之，即對現實狀況有客觀的認識，對這些事實有起碼的尊重。

在理想的狀況下，如果每位員工都很有智慧，都能以莊嚴神聖的態度對待別人，放棄利己主義，以上的情境就不難達到。這時我們就可以明確地說，「史密斯比我更適合這份工作，因為他在技術以及各方面都是最佳人選。」我們完全沒有嫉妒、受傷、自卑或其他痛楚的感覺。

當然，在現實生活中這是不可能的，因為除了極少數的情況之外，大部分的人都無法達到這種境界。不過，這是達到開明管理的最低極限。用我們的眼睛清楚地、客觀地觀察、反省自己是有些困難，畢竟這樣做會傷了自尊，但在某種程度上是可行的。從過去無數次的心理治療經驗中，我們了解到很多人已經學會怎樣審視自己，進而從中獲益。

十一、假設組織內的員工並非只想獲得安全需求的滿足

在這種假定的情況下，組織內的員工不會焦慮、不會害怕，他們具備足夠的勇氣克服恐懼，能面對不確定的未來勇往直前，這些是可以被量化的。

根據心理動力學的論述，關於開明管理與獨裁管理的對立，害怕和勇氣、退步和進步之間的對立是存在的。組織內的員工一旦受恐懼主宰，就不可能做到開明管理。

十二、假設每位員工都有自我實現的積極傾向

人類可以自由地實現自己的理想，選擇自己的朋友，與志同道合的人在一起，共同成長、嘗試、經歷以及犯錯。

同樣的道理只有在這一假設的前提下，心理治療或心理成長才有可能。我們必須假設人類願意追求健康與成長，並且能夠被具體地看見。

十三、假設每位員工都喜歡好的工作團隊以及團隊友愛

事實上，很少有人注意到，一個充滿愛的團體內能夠帶給人快樂，員工也可以在這樣的團體找到認同感。對團體的認同，就好比高中男孩會因為加入學校籃球隊而自豪；大學學生也會因為學校的聲望高漲，感到自己的自尊提高；或是亞當家族的個人以身為亞當家族的一員而自豪，這種自豪感並非來自於個人的成就。

十四、假設敵意是一種初始反應而非天性

這種敵意來自於充分的、客觀的，只存在於當下，有存在的原因，是有價值的而不是有害的。因此不能去抑制它、打擊它。

當然，自由地表達反應性敵意，能顯示出員工的誠實個性，也有很大的改善空間。若無法公開表達合理的憤怒或非理性情緒，將會導致長期的緊張和毫無理由的抱怨。比如，員工比較喜歡向友善的經理吐露自己對企業的不滿。經理人越開明，員工向其表達的機會就越多。

十五、假設組織內的員工都有良好的抗壓性

假設員工比外界評斷得更堅強、更具韌性。你可以很容易就看出一位員工可以承受多大的壓力，當然，這種壓力不能太長久。不過，人偶爾承受挑戰、壓力和緊張，倒可以從中獲益。事實上，他們也必經偶爾承受一下適度的壓力，以免變得懶散或覺得無所事事。如果偶爾在音樂會演出或位居高位，生活想必有趣許多。

十六、假設員工是可以被改善的

幾乎沒有一位員工是完美無缺的，不過，不排除他們想達成完美的希望。換言之，他們可以克服自己的缺點，變得比現在更好。

十七、假設每位員工都有尊重和自我尊重的需求

顯然，這個假設表示員工都希望自己是很重要的、被需要的、有用的、成功的、自豪的、受尊敬的，而非被輕視、隨時可被替換、可被犧牲、不受尊重的賺錢工具。

十八、假設每位員工都願意尊敬自己的老闆

我們願意尊敬或愛我們的老闆，而不是憎恨或不尊敬他們；如果二者只能選擇其中一種的話，大部分人可能會選擇尊敬而不是愛。

也許可以參考「支配與從屬關係」的研究資料，或者採用佛洛伊德的主張；針對強者與弱者的相互關係，身為強者與弱者的優缺點等議題，作更深入的分析，整理出符合共同需求的理論。特別是男性與女性之間的關係，領導與被領導之間的關係，勞、資雙方的關係等。此外，還須深入探討懼怕老闆及強者的內在動力，以及懼怕的原因。同樣地，強者的內在動力也須多加研究，尤其是身處強者身旁的人如何回應、如何受到影響等議題。

十九、假設每位員工都懼怕別人，在特定的時間寧願懼怕老闆而不是瞧不起老闆

我們或許不是很喜歡強勢的人，比如，像戴高樂、甘迺迪、拿破崙、羅斯福等人，但我們卻情不自禁地尊敬他們、信任他們。

強勢而能力卓越的領導者或許很容易招來別人的憎恨，但他們卻比溫和而軟弱的領導者更受愛戴，後者固然比較可愛，但卻可能因為太軟弱而將部屬帶入死亡的陷阱。

二十、假設每位員工都願意成為積極的主動者，而不是被動的助理、工具，或是隨波逐流的軟木塞

關於責任的問題，許多企業的調查結果顯示，員工擔負責任時的表現的確比較突出。但只適用較成熟、健康的人。而這個世界上多的是害怕死亡的人，他們是一群怕死鬼，依賴心理特別嚴重，喜歡從事奴隸性工作，而不願自己下決定。在此，我們必須清楚，這只是一個前提、一項假設，只適用特定的人選。

二十一、假設每位員工都願意改善周圍的事物

在此項假設裡，我們認為每位員工都有這樣的傾向：願意改善周圍的事物，矯正牆上的扭曲影像，清理髒東西，把事情做對，讓情況變得更好，把事情做得更好。

事實上，我們在這方面了解的不是很多，完形心理學家是有科學性的論證的。在健康人的身上我們常常能看到這種傾向，但我們不知道這種傾向有多麼強烈，也不清楚在較不健康、較不聰明、較沒有人性的人身上是否也有這種傾向。有些研究者企圖讓所有人都具有此傾向，他們認為這是成功建立開明經濟的前提。

二十二、假設成長時愉悅與厭倦是相當相似的

孩童的成長就是愉悅與厭倦相互交替的過程。小孩子總是喜歡尋求新鮮感，充滿好奇心，喜歡一切新奇的事物，喜歡探索新事物，但是不久後就會

感到厭倦，進而尋求更新奇的東西或活動。這是一個非常恰當的假設，即理想化管理的先決條件就是——要有新鮮的事物、新的挑戰、新的活動、多元化的活動，不能太簡單。但是一切很快又會變得熟悉、無趣，甚至無聊，所以你必須再次提供更新鮮、更多元化、更高層次的工作。

二十三、假設每位員工都喜歡做一個完整的人，而不是當一小部分、一件事物、工具或「一雙手」

人類喜歡發揮自己的能力，相反，如果只把他當作別人的一部分，他會覺得很生氣。

比如說婦女——不包括那些出賣肉體的妓女——拒絕當洩慾工具；出賣體力的勞工，也會拒絕當別人的一雙手、一塊肌肉或是結實的背；就連在餐廳工作的服務生，也厭惡他人把他當作是一個只會端盤子的人。

二十四、假設每位員工都比較喜歡工作，而不願無所事事

在此項假設上，杜拉克是正確的，但需要一些限制條件。例如，大部分人不願意做沒意義、浪費時間的工作，也不願做無謂的工作。當然，還應該注意員工之間的差別，不同的人會喜歡不一樣的工作，例如知識型和勞動型。我們必須了解工作與完成工作時的樂趣之間的差別。另外，我們必須化解工作與娛樂之間的分歧。杜拉克式的原理主張：工作讓人享受、著迷與喜愛。對自我實現的人而言，他們可能比較喜歡把工作當作一項「任務」，一項「使命」，一份「責任」，或是神父所謂的「天職」。對一個幸運、開明的工作者而言，奪走他的工作相當於要了他的命。真正專業化的工作者就是最好的例子。此外，我們必須針對「工作」的語意有更明確的解釋，因為依據目前社會上的認識狀況，勞動令人感到不快，放鬆意味著躺在陽光下無所事事。在此強調一點：強迫人不工作，其實是一項嚴酷的懲罰。

二十五、假設每位員工都喜歡做有意義的工作

這一假設強調人類對價值體系、了解世界並賦予意義的高層需求。這與人類追求宗教信仰的態度非常類似。如果你所從事的工作是毫無意義的，你

的生活也可能會毫無意義。無論是多麼卑微的工作，如洗碗盤、清水管等，是否有意義，完全取決於這份工作是否有重要而崇高的目標。

比如，很多人都不喜歡洗嬰兒的尿布，而嬰兒的母親卻能充滿愛心地洗它。對一個關愛孩子的母親來說，這是充滿幸福的工作。洗碗盤可以是一件毫無意義的工作，也可以是對家人愛的表現，因而它就成為一件既有自尊又神聖的工作。

這些觀念也可以運用到組織中。一位對口香糖毫無興趣的婦女，擔當口香糖廠的人事經理，她會怎麼樣呢？她的職務與她的興趣毫無關連，她無法去熱愛這份工作，無法感受到工作中的苦與樂。但如果她能到她認為比較有意義的工廠做事，即使是一份職位相對低一些的工作，她也會覺得有意義、愉快。

二十六、假設每位員工都喜歡有個性、獨特性、特定身分；相反，任何人都憎恨默默無聞、隨時可能被替換

杜拉克的理論體系中有許多這樣的案例。相對於一個默默無聞或隨時可被替換的人而言，每位員工都情願做一個具有獨特身分的人。

二十七、假設每位員工都具有足夠的勇氣經歷理想管理的過程

這並不是說他沒有恐懼感，而是代表他能克服恐懼、勇往直前。他能承受壓力，接受創造性的不安全感，同時也能忍受焦慮。

二十八、假設每位員工都有良知、羞恥心，都能感到難為情、傷心

我們必須認同別人，了解他們的感受。我們也必須假設人多多少少都會有一點妄想、疑心、誇張……的感覺，也就是說，必須承認人或多或少有些心理疾病。

二十九、假設存在自我選擇的能力與智慧

事實上，在開明管理中，這是一個最基本的假設。開明管理假設每位員工所喜歡的、所偏愛的、所選擇的都是明智的決定。我們必須更清楚地說明，

因為我們發現了某些相反的證據。明智的自我選擇大致而言是正確的，尤其是對人格健全的人更適用，但對神經質或有精神疾病的人就不太恰當。

事實上，神經質的人可能無法真正依據自己的需求做出明智的選擇。我們也了解，即使是健康的人，個人的習慣也會影響他作出聰明選擇的能力。此外，持續的挫折感等原因也會造成負面的影響。以為每個人在任何情況下都能做出明智的決定，這樣的假設與事實不符。

三十、假設每位員工都喜歡受到公正的讚美，受到大眾的歡迎

一般人對謙虛有著錯誤的觀念。相比之下，印第安人就比較實際些。他們認為每一個人都喜歡炫耀自己的成就，也喜歡聽別人讚賞他的成就。這是必要的，不過在程度上要拿捏得恰到好處，因為誇讚不值得誇讚的人，或不當地誇大某人的成就，都會產生罪惡感。

三十一、假設以上所舉的正面傾向都有其相對立的負面傾向的存在

當我們談到人性的正面傾向時，必須假設還有相對立的反面傾向。比如說，幾乎每位員工都有自我實現的意圖；但每位員工也都有因害怕成長，而不願自我實現的意圖。當然，每位員工都具備勇氣；但相對的，每位員工也都存在著恐懼感。每位員工都想知道事情的真相；但相對的，每位員工也害怕得知真相。這些相互對立的傾向，彼此會找到平衡點。問題在於，在某個特殊的情況、特殊時間、特定的人身上，哪一種傾向會比較突出？

三十二、假設每位員工都有責任感

事實上，在大多數情況下，這種喜歡責任和成熟的傾向，會在人覺得軟弱、害怕、生病或沮喪時減弱。另一方面，責任要有一定的限度，才能處理得很多。太多的責任會壓垮一個人，太少的責任則會讓人鬆懈。太早要求小孩背負重任，會造成他一生都無法擺脫焦慮感以及緊張情緒，我們必須循序漸進地加重員工的責任。因此，考慮節奏、程度等問題是有必要的。

三十三、假設人從「愛」中獲得的樂趣比從「恨」中獲得的更多

或許可以換另一種方式說明，對一個發展健全的人而言，因為愛、友誼、團隊合作、身為優秀組織中的一員而得到的快樂，是非常真實而強烈的，超過因為擾亂、破壞以及敵對所得到的快樂。但我們必須有所警覺，對於一些人格不健全的人，如神經過敏或有精神病的人而言，從怨恨以及毀滅中得到的快樂，遠遠超越從友誼以及情感中所獲得的快樂。

三十四、假設健全發展的人寧願創作，而不願進行毀滅，他們從創作中所得到的快樂，遠超過從毀滅中所得到的快樂

必須指出的是，毀滅的快樂是真實存在的，絕不能視而不見。這種情感相對低等發展的人——例如神經過敏、不成熟、過度行動以及患有精神病的人——尤其強烈，因為他們沒有足夠的控制能力。

三十五、假設在理想管理的最高水準之上，人類願意或傾向於認同世界，並達到終極的神祕經驗，與世界合而為一，或是達到一種高峰經驗、宇宙意識

這與對世界越來越多的陌生感是相悖的。與此相對的便是孤立。

三十六、最後有必要提出超越動機和病理的假設、追求存在價值的假設

每位員工都追求真、善、美、正義、完美等存在價值，也必須提出對超越動機和超越病理的假設。

開明管理的必要

按語：

開明管理是一項重要的競爭優勢。在競爭中，採取開明管理的企業，擁有較優良的產品、較佳的服務，而那些採取舊式管理的企業，無論從產品、服務，還是會計、營運等角度來說，沒有任何優勢可言。舊式管理猶如一架老舊過時的機器，必將遭到淘汰。

人類的成長不僅表現在個性的成熟，還包括個人的理想。人類愈成長，就愈來愈無法適應獨裁管理方式，甚至對其極為憎恨。其中一部分的原因在於，當人類有高層次和低層次兩種樂趣可以選擇時，理所當然會選擇較高層次的樂趣，若一個人曾經享受過這兩種樂趣的話，則更是如此。經歷過自由的人，絕對無法再忍受被奴役的痛苦；同樣地，人類在第一次感受到受尊重的感覺以後，就再也無法接受被奴役的感覺。

事實上，客觀的條件太好，可能會導致人類無法再適應惡劣的環境。換言之，他們對較惡劣的環境會變得無法接受、無法滿足。當社會愈健全，政治愈清明，教育愈先進，人類就愈不能適應 X 理論、獨裁管理以及像監獄似的大學制度，人類會對一種健全、完美的管理制度有愈來愈強烈的追求，對可以促使成長的教育有愈來愈熱切的期盼。在獨裁式管理的環境下，人類表現不佳，變得反抗和有敵意。我們可以從產品、服務、對經理人的認同等現實情況中看到這樣的例子。

就美國工業的競爭情況而言，目前社會中個人發展的層次，使得開明管理成為一項重要的競爭優勢。在競爭中，採取開明管理的企業，擁有較優良的產品、較佳的服務，而那些採取舊式管理的企業，無論從產品、服務，還是會計、營運等角度來說，沒有任何的優勢可言。舊式管理猶如一架老舊過時的機器，必將遭到淘汰。

對人也是同樣的道理，人類愈進化，心理就愈健康，就愈需要開明管理政策，才能在競爭中生存；採用獨裁管理的企業，將造成企業營運的障礙。

對其他事物也同樣道理，比如，宗教機構採用開明管理政策，信仰就愈自由；教育實行開明管理政策，就愈具有經濟優勢；在當今激烈競爭的世界潮流中，採用開明管理的企業也愈具競爭優勢。

看清了開明管理的必要性，我們對未來的健全心理管理充滿信心，它必將是未來趨勢的主要原因。一般的政治、社會、經濟環境，不會有什麼根本的改變；軍事政權正逐漸退位。因此，我們希望現今在宗教界、工業、政治、教育等領域的成長與改進仍會繼續，全球正向國際化邁進，也促使社會不斷地追求成長，健全心理管理的趨勢將更加明顯。自動化的發展也是一樣的情形，只是過渡時期必須面對大量的問題。同樣地，也許我們有可能轉化成一個和平經濟體，不再強調軍備競賽。這樣的潮流同樣會強化開明管理或民主管理的重要性。

也許企業有必要由第九部門負責人統籌健全心理管理的事實，包括追求成長，提高員工、經理人的個性成熟度。也許我們可以由一般管理理論的「員工態度與表現」第七部門與「管理表現與發展」第六部門共同承擔開明管理的責任。我們不確定現今是否有必要設立第九部門，但未來絕對需要一位專業人員，他所接受的訓練不同於所謂第六部門或第七部門經理人。他必須接受心理學、哲學、心理治療、教育等訓練。

在理論與實務上，會愈來愈強調事物間的相互關係，任何一家企業與社會的整合共生關係將更為強化。任何一家企業都可能代表整個社會。在民主社會中，任何一家企業都有創造優秀公民或不良公民的功能。產品品質不僅關係到個人、企業的地位，同時也關係到一國在世界中的地位。例如，大部分國家對美國的產品都有一種固定的印象，他們認為美國生產的原子筆比其他國家的好，寫起來比較順手。而最近的例子是，日本政府和民間企業都意識到，必須共同合作製造高品質的產品。在冷戰前大家對日本產品的印象是劣等的、廉價的假冒品，但如今我們對日本產品的評價，已等同於我們對德國產品的評價一樣：品質精良，工藝水準大進。眾人可以經由某個國家所創造的汽車或照相機，評判一個國家；有人認為德國的產品品質已經開始下滑，若真如此，德國在世界上的地位也就大大削弱了。

破譯開明管理的激勵謎團

按語：

馬斯洛指出，一切問題的關鍵在於，什麼樣的工作，什麼樣的管理，什麼樣的獎賞或報酬對人性的健康成長有益，也就是說，什麼樣的工作環境對於自我實現最有利。作為優秀的經理人或學者，著眼於利潤和效益無可厚非，但以上這些是必須重視、必須認真思考的問題。

從某種角度思考，開明管理的理論架構在某方面和心理治療很相似：一群差勁的人做了差勁的事，整天信口開河，他們就是沒有勇氣仔細描繪自己的目標、目的以及長期的計畫；他們似乎害怕討論價值與目的。如果我們檢查清楚開明企業、開明組織、開明團體的長期目標，就會發現整件事沒有答案，根本產生不了任何意義。我們可以大膽地說，心理治療的目的和長期目標是使人類運用超越動機，達成自我實現的境地。我們也可以說，這是健全社會的功能，也是健全教育制度的功能。

接下來，我再補充一點，這也就是所謂人本管理的長期目標，也是所有準心理治療團體像學習團體、敏感度訓練和領導團體一樣的長期目標。

為了更清楚說明我的觀點，我先解釋兩個概念：「學習團體」，又簡稱為T團體，由社會心理學家勒溫所創，將八到十四人組成一個小團體，採用敏感度訓練的方式，由指導員負責引導並鼓勵大家說出自己的想法與感受，並接受別人的建議，以達到以下的目標：員工對自己人際關係的了解、溝通的技巧、接納他人；「敏感度訓練」即經由小團體的人員互動與溝通，使團體的員工能藉此認識自己，了解別人，進而提升自我的效能。

開明管理的長期目標，也是一般組織理論的長期目標。一本書接著一本書，不斷地討論發展、新的組織理論、新的管理理論，這些理論的基礎是對人性的重新認識，特別是關於動機的新知識和新觀念，但對於理論的價值和目的卻隻字未提，即使有也是非常模糊的。至於動機理論的高等層面，即它的遠期目標、超越性動機或存在價值，都是希望人類更健康，進而達成自我實現的目標。

即使我們不管長期目標，只著眼於眼前的目標——創造利潤、成為健全的組織、保障未來，但僅僅這些也是不夠的。任何一家企業的領導者都希望能夠永久經營企業，他們心裡想的不是兩年或三年，而是五十年甚至一百年。他們不僅希望能經營一百年，更重要的是他們希望自己的組織和團體能健全地永久經營。所以不難發現他們總是在處理如何擴大經營規模，如何把工作時間再延長一點，或是修正亨利·福特的經營策略之類的問題。不過，我認為此時有必要討論人類動機和長期目標。

我們很少看到有哪位經理人或學者，有勇氣以長期的觀點、烏托邦理想或有價值的觀點作思考。他們一致認為，較低的人力流動率、較低的缺席率，良好的道德或更多的利潤才是經營的成功之道。但這樣做其實忽略了開明管理所強調的心理健全成長、自我實現與個人發展。

我懷疑他們可能是害怕這樣的道德優越感，以為只有少數有道德的人才會一切以道德為優先考量。其實他們錯了，開明管理的目標應該是人本主義的；除利潤的考量之外，還必須顧及員工發展訓練以及組織環境的改造。

如果每位員工都清楚企業的未來目標、方向和長期計畫，剩下的就只是技術上的問題，或是如何使方法符合目的的事，這些都可以輕易地獲得解決。但是，如果長期目標混淆不清、相互衝突、難以理解，那所有關於技術、方法和手段的討論都將完全失去效用。

必須清楚地說明，開明企業除了短期目標外，更要有長期目標。企業必須有長期的打算，以一世紀為單位，而非四五年，利潤的創造將因此更為可觀。開明企業的健全心理、道德感的堅持將會全面改善組織的營運，當然包括獲利表現。

透過不斷追蹤人力資源與經濟指標之間的關係，人類已經開始構建完整的流程，衡量開明管理如何達成財務上的成功。

與員工共享利潤和收益的企業，與那些不與員工共享利潤的企業相比，在財務上的表現更為出色。

在廣泛的範圍內，與員工共享資訊，邀請員工積極參與的企業營運表現比獨裁管理的企業好上幾倍。

彈性工作設計——即彈性的工作時間、輪流休假制度以及工作延伸——更能創造財務上的成功。

人員的培訓與發展對企業財務表現具有積極正面的影響。

企業的盈餘有三分之二是由於集體經濟參與、智慧參與、彈性的工作設計與人員的訓練和發展。

改變對待員工的方式（如改變薪資結構），更能提高生產力。顯然，員工的參與可以協助企業擬定更完善的補償金制度，包括利潤共享、所得分享，此外，員工認股計畫的效用更佳。

毫無疑問，在未來的管理理念中，關於對待員工的方式以及員工對營運、財務表現的影響這兩者之間的相互關係，會有不同的論調。有些理論也許依舊會認為，除非是有利可圖的事，否則不做。但更大的爭議在於：開明社會中，企業和工作的真正意義是什麼？

在未來的歲月裡，商業企業營運的目的已不僅僅是賺取利潤，另一個更有價值的意義是，一群人聚集在一個組織內，他們憑藉不同的方式——但都是合乎法律的——獲得各式各樣的需求，並且以服務於全體社會作為組織發展的長期目標。利潤的確是商業的生命調節器，但它並非唯一的，人性和道德等因素也必須考慮在內，至少從長期上看，這與企業的生命是同等重要的。

人本主義管理技巧

按語：

管理的主體是人，管理的目標是激發人的心靈、欲望、想像力和創造力。具體又該如何實現人本主義的管理目標呢？或者說，人本主義的管理技巧有哪些呢？馬斯洛指出，大致有以下幾點：首先，建立因人而異的管理模式；第二，實現良好的溝通；第三，激發潛在的創造力。

馬斯洛認為，管理的主體是人，管理的目標是激發人的心靈、欲望、想像力和創造力。因而管理的方法也應採用人本模式。

具體又該如何實現人本主義的管理目標呢？馬斯洛指出，大致有以下幾點：

一、建立因人而異的管理模式

如果有一群極其優秀的人能夠成長，並且渴望成長，那在這一類人身上，所用的管理原則只適合於人性高度發展的人。

在這樣的管理理念裡，假設一位員工在過去的成長期裡已經滿足了全部的基本需求。他獲得了安全需求的滿足，從而沒有焦慮、恐懼；他得到歸屬需求的滿足，不會覺得被孤立、疏離、排斥，或被群體拋棄，他適合這個家、這個團體、這個社會，他不是一個不受歡迎的入侵者；他在愛的需求上得到滿足，擁有很多好朋友，有一個舒適的家，他感覺自己值得被愛，也能夠去愛別人;他獲得尊重需求的滿足感，他感到被尊重、被需要，認為自己很重要，他感到自己得到足夠的讚美，並且希望得到所有他應得的讚美與獎勵；他獲得自我價值需求的滿足。

事實上，這種情況不常發生在我們的社會，大部分人在無意識的狀態下，都沒有足夠的自愛與自尊的感覺。

接下來我們所面臨的關鍵問題是，對另外一些沒有獲得需求滿足的人，或至少有幾方面的需求沒有得到滿足的人，什麼樣的管理方式才適合他們呢？例如，對一些在安全需求上止步不前的人，他們會感到恐懼，認為災難隨時都會降臨，如恐怖攻擊。當員工不能互相認同、彼此猜疑、彼此懷恨時，該用什麼樣的管理原則管理他們呢？

顯然不同的階級應該適用不同的管理方式，我們不需要專門為低需求層次的人提出另一種管理理念。這裡最主要的目的是想針對員工發展的高層需求理論有更明確的定義，這是人類在理想情況下假定的層次需求。

在此，我們有必要強調一點，一些管理學者都只假設良好的情況、好的運氣、好的機遇，這種假設是比較理想化的，當然，在現實社會中這種較高層次生活的人及高度發展的人類也確實存在著，但是，基本需求要先得到滿足，才有可能追求更高水準的生活。

馬斯洛覺得有必要說一些學者沒有說出來的想法，所有的假設都必須更明確、更完整。每位員工都必須意識到，我們是幸運的，是受恩寵的，我們必須更實際、更有彈性地應對客觀環境的改變，因為這個世界仍持續運轉，不斷地轉變，因此，我們可以運用好的管理原則；但明天的情況有可能完全改變，我們不能期望良好的情況會永遠持續，也不能認為任何地方都是好的。

在馬斯洛看來，許多專家所談的一些基本理念太過一般化。當然，員工對安全的需求或愛的需求的程度也不一樣，而且管理女性的工作與管理男性的工作有很大差異。如果我們將那一般化的理念運用在比較落後的國家，就更能體會其中的不適應性，而且非常明顯。實際上，在許多地區只有實行獨裁式的管理才有用。只有對一些膽小的、不知悔改的人揮動皮鞭，一切才會有滿意的結果。獨裁者如果採取人性化管理，就被認為是軟弱而愚蠢的傢伙——至少是不符合客觀現實的。

因此，情況通常會演變成這樣，獨裁者在學習寬大仁慈之前，一定要先嚴厲一些，使其組織員工遭到一些挫折。骨子裡擁有強權精神的人，如果要他接受別人的建議，先揮動幾下皮鞭是明智的決定。

例如，在一項研究中，個性不嚴厲的老師被幼小的兒童嘲笑，並且被認定他是一個差勁的老師，不值得尊敬——除非他能在孩子面前表現出獨裁者的心態，否則，這位老師就無法管束學生。

顯然我們針對管理學上的兩項假設已經提出了批評，並使它們結合起來。一是那些理想化的管理原則只適合於人性高度發展的人，那些原則忽略了存在於某些人身上的卑劣性格、心理疾病、汙點以及其他人身上普遍存在的劣根性；另外一點就是，獨裁式管理也只適合於特定的人選，並非在任何情況、任何地方都適用。因此，真正有效而實用的管理應採用因人而異的管理模式。必須根據每位員工的個人特徵進行管理，否則，失敗將是必然的結果。

二、實現良好的溝通

在進行人本管理的過程中，溝通的重要性不容忽視。

馬斯洛認為，挑選一些優秀的人才與自己共同起步，向他們展示和介紹規章制度，並與他們保持密切溝通，用各種方式對他們進行有效激勵，在他們取得成就時給予豐厚回報，只要你確實做到了這些，成功必定指日可待。

需要指出的是，在所有人際溝通的技巧中，傾聽的作用被大大地低估了，但事實上，優秀的經理人往往更喜歡傾聽他人的談話，而不是自顧自地滔滔不絕。

傾聽是一門藝術，傾聽技巧的第一原則就是在對方談話時聚精會神、全神貫注地聆聽。當某人到你的辦公室與你談話時，你絕不能允許任何事情分散你的注意力。在交談中，你的雙眼要直盯著對方。集中注意力是必要的，因為你的注意力若不集中，你就會心不在焉，甚至不知對方說了些什麼，這是對對方極大的不尊重。

除此之外，許多經理人都犯了這樣一個錯誤，他們在自己與員工之間建立了一種古板的老闆與僱員的關係，如果建立在這種對應的關係是為了在下屬面前扮演權威的角色，那我們根本無法想像有效的溝通能就此實現，這樣的結果只有一個：沒有人會照你的話去做。

當領導者是一位倔強且很難令人完全放開和進行溝通的人，為了避免使自己成為權力中心，他唯一的方法就是盡量不參與小組討論。顯然，如果他占有極大優勢，就會阻礙溝通的進行。如果他希望每位員工都能發表自己的見解，如果他希望培育他們和他們的能力，他必須認識到，只有他不在場，他們才能自由地討論，毫無顧忌地說出自己的想法。但是，領導者也不能完全不參與小組討論，只是在某些條件下盡量減少參與，否則，這樣的情形可能對他造成損失。

需要提醒那些強勢者的是，不要刻意製造出討論、詢問意見的假象。如果這位強勢者早知道答案，卻誤導員工以為是他們自己發現了答案，那除了產生更深的怨恨外，不會有任何作用。當然，這是關於人性和存在的問題，至今在理論上沒有什麼可行的解決方法。我的建議是：不去這樣做，自然不會自尋煩惱。

三、激發潛在創造力

具有創造力的人能夠想像各種可能性，能夠觀察到別人看不到的機會，能夠經常從不同的角度思考問題、尋求新的解決方法，能夠鞭策自己打破傳統舊習。

身為一名管理者，管理的重要祕訣就是，要善於發現員工的長處，並讓他們多做自己擅長的事情。而且，只有當員工感受到自己是處於一個值得信賴的、充滿挑戰的工作環境時，他們才能發掘自己的創造性才能。如果員工感到擔驚受怕、充滿焦慮、缺乏激勵，他們就不會、也不可能把工作做好。

為了確保員工創造性才能得以發揮，領導者應為他們提供適宜的條件。領導者最好的方法是與員工進行交流，經常向員工提出一些尖銳的問題，並鼓勵員工重塑自己和他們的思想，支持他們出格的想法，鼓勵他們與自己對話，並勇於提出不同的意見，這些也是領導者創造性才能的表現。同時也意味著，創造性的領導者提倡具有創造性的衝突，並願意聽取不同的聲音，鼓勵冒險與實踐。

成功的管理者，首先應注重挖掘自身的創造性潛能，從而使自己更容易地發揮員工的創造性。這樣的領導者願意僱用應變能力強、對問題追根究柢的員工。他們幫助員工發掘自身的能力，並將其運用到日常工作中。優秀的領導者特別注重提供適當的實踐、冒險，以及充分發揮其自身創造性潛能的工作環境。

總的說來，創造性的發揮需要三個步驟：

第一步，管理者需要了解每位員工特有的才能。無論如何，每位員工都有其特殊才能，有他們最擅長的事情，這需要領導者去挖掘。

第二步，管理者需要組織安排、調整員工的工作職位，以利於培養他們的創造性。跳脫出一切不利於生產的框架，把官僚主義減小到最低限度，盡量多給予員工所需要的發揮空間。

第三步，管理者應為員工創造適宜的工作環境，在這種環境中支持員工的實踐及適當的冒險。這一點至關重要，因為員工在樂於嘗試一切新事物之前，他們需要舒心的環境，需要具有安全感並充滿信心。

國家圖書館出版品預行編目（CIP）資料

你馬斯洛系的？跟著馬斯洛看自我實現 / 劉燁 編譯 . -- 第一版 .
-- 臺北市 : 崧燁文化 , 2019.12
面 ;　公分
POD 版
ISBN 978-986-516-184-2(平裝)

1. 馬斯洛 (Maslow, Abraham H.(Abraham Harold)) 2. 學術思想 3. 人本心理學

170.18　　　　　　　　　　108018872

書　　名：你馬斯洛系的？跟著馬斯洛看自我實現
作　　者：劉燁 編譯
發 行 人：黃振庭
出 版 者：崧燁文化事業有限公司
發 行 者：崧燁文化事業有限公司
E-mail：sonbookservice@gmail.com
粉 絲 頁：　　網 址：
地　　址：台北市中正區重慶南路一段六十一號八樓 815 室
8F.-815, No.61, Sec. 1, Chongqing S. Rd., Zhongzheng
Dist., Taipei City 100, Taiwan (R.O.C.)
電　　話：(02)2370-3310 傳　真：(02) 2388-1990
總 經 銷：紅螞蟻圖書有限公司
地　　址: 台北市內湖區舊宗路二段 121 巷 19 號
電　　話:02-2795-3656 傳真 :02-2795-4100　　網址：
印　　刷：京峯彩色印刷有限公司（京峰數位）

定　　價：250 元
發行日期：2019 年 12 月第一版
◎ 本書以 POD 印製發行